유학생을 위한 교양 한국어

글쓰기에서 TOPIK 쓰기까지

유학생을 위한 교양 한국어 ∘∘∘ 글쓰기에서 TOPIK 쓰기까지

초판 1쇄 발행 2019년 3월 8일
초판 2쇄 발행 2020년 10월 30일

지 은 이 김은영 김주희 안지민 이진주
펴 낸 이 박찬익
편 집 장 한병순
책임편집 유동근

펴 낸 곳 (주)박이정
주   소 경기도 하남시 조정대로45 미사센텀비즈 7층 F749호
전   화 (031)792-1193, 1195
팩   스 (02)928-4683
홈페이지 www.pjbook.com
이 메 일 pijbook@naver.com
등   록 2014년 8월 22일 제2020-000029호

I S B N 979-11-5848-429-3 03710

* 책값은 뒤표지에 있습니다

유학생을 위한

글쓰기에서
TOPIK
쓰기까지

을 위한

교양
한국어

김은영 · 김주희
안지민 · 이진주
지음

KOREAN

(주)박이정

머리말

이 책은 언어 연수생과 대학에서 유학생들을 가르치는 선생님들의 연구 모임에서 시작되었습니다.

수년간 한국어를 가르쳐오면서 외국인 유학생들의 학습과정과 어려움을 보고 들어 왔습니다. 다른 언어를 배운다는 것은 쉬운 일은 아니며 특히 유창하게 그리고 정확히 말하고 쓰는 일은 더욱 어려운 일입니다. 언어 연수생은 물론 대학에 진학한 유학생들에게 필수적인 기능은 말하기와 쓰기입니다. 다시 말해서 말하기와 글쓰기는 학업의 출발점이고 가장 중요한 기능이라고 볼 수 있으며 유학생활의 결과에도 지대한 영향을 미칩니다.

그러나 실제 교육 현장에서 만난 언어 연수생이나 대학에 진학한 유학생들은 한국어 글쓰기가 두렵고 배우기가 어렵다고 했습니다. 유학생들은 글을 어떻게 써야 할지 생각이 나지 않는다거나 주제에 대해서 생각해 보지 않았다고 말합니다. 그리고 글을 어떻게 표현해야 할지 모르겠다, 글의 형식을 모르겠다, 과제물을 어떻게 써야 할지 모르겠다 등 각자의 이유로 글쓰기를 어려워합니다. 대학에서 글쓰기 과목은 필수라서 듣고는 있지만 시간이 지나도 글쓰기 실력은 좋아지지 않는다는 유학생들의 고민을 자주 듣고 있습니다. 그리고 토픽 자격증을 취득하기 위해 공부를 하면서 쓰기를 포기하는 학생들도 많이 만났습니다. 유학생들의 글쓰기에 대한 고민과 두려움은 이 책을 완성하게끔 만들어준 원동력이 되었습니다.

　이 책은 유학생과 교수자가 함께 글쓰기의 여정을 통해 글을 쓰는 형식을 배워 가는 안내서라고 할 수 있습니다. 그 안에서 다양한 쓰기 주제에 대해 함께 생각해 보고 쉽고 적절한 표현들을 찾을 수 있게 서로 도와줄 것입니다. 교양 글쓰기에서 다룰 수 있는 기능들을 포함하고 있어서 교양 수업에서 제시하는 과제물들의 형식을 빌려 글을 쓸 수 있습니다. 이 과정을 따라가면 어느새 한 편의 글이 완성될 것입니다. 처음에 어떻게 글을 써야 할지 모르는 유학생들을 위해 주제에 따라 단계별로 쓰기를 안내하면서 마지막에는 학습자 자신이 생각한 것을 글로 쓸 수 있도록 하였습니다. 그리고 교양 수업에서나 토픽에서 다룰 만한 주제를 제시하여 다양한 지식과 기능 표현을 학습할 수 있도록 하였습니다.

　9개월 동안 고민하고 함께 해 준 선생님들과 국제한국어교육자협회에 고마움을 전하며 더불어 교재 발간을 흔쾌히 승낙하고 도와주신 박이정에 감사를 드립니다.

2019년 3월

저자 일동

5

국제한국어교육자협회 소개

　이 책의 출간에 도움을 준 국제한국어교육자협회는 2011년 4월에 창립한 한국어 교사를 위한 단체입니다. 현재 서울시 비영리민간단체에 소속되어 있으며, 한국어 교육으로 봉사를 신청해 봉사를 할 수 있는 봉사 수급 단체로 등록되어 있습니다. 2011년 창설 이래 현직의 한국어 교사는 물론 한국어 교사를 희망하는 이들을 대상으로 특강 및 워크숍, 교재 편찬, 연구 모임이 이루어졌으며, 현재는 한국뿐만 아니라 일본이나 중국, 태국, 미국 등 다양한 국가의 한국어교사들과 함께 한국어교육의 미래와 새로운 도약을 위해 힘써 준비하고 있습니다. 또한 한국어교사의 정보 교류와 친목을 위해 만들어진 '국제한국어교육자협회' 네이버 카페는 네이버 상위 1%의 대표 카페로 자리매김했으며, 한국어교사와 한국어교육을 사랑하는 이들의 보금자리가 되고 있습니다. 앞으로도 우리 협회는 한국어를 사랑하고 한국어교육을 위해 큰 뜻을 펼치는 모든 이들을 위해 앞장서서 준비하고, 계획할 것입니다.

국제한국어교육자협회 로고 소개

　'ㄱ'과 'ㄴ'의 조화를 바탕으로 한국어를 아끼고 사용하는 교육자들의 열정과 마음을 새싹이 피어나는 모습으로 만들어 보았습니다. 올바른 한국어 교육의 미래와 희망을 키워가는 협회의 취지와 목표를 담고 있습니다.

국제한국어교육자협회의 주요 사업 소개

협회의 주요 목표와 방향

협회는 질적으로 우수한 한국어 교사의 재교육을 위한 '연구' 모임을 주목적으로, 국내외 한국어 교사를 위한 '지원' 활동, 한국어 교사의 자발적인 참여를 통한 '봉사', 끊임없는 자기 계발과 미래의 가치 창조를 위한 정보의 '나눔'을 목표로 쉼 없이 달려가고 있습니다. 국제한국어교육자협회에서 편찬된 교재는 협회 소속 교사들이 주축이 돼서 편찬하고 있으며, 출간된 교재의 인세 일부는 협회의 나눔 활동 및 장학 활동을 위해 저자들이 발전 기금으로 기부하고 있습니다.

주요 활동 소개

교재 출판 모임 지원	한국어 교사들의 현장에서의 경험과 지혜를 살릴 수 있는 교재 출판 지원
정기 특강	자칫 정체될 수 있는 한국어 교사의 질적인 성장을 위해 매년 두 차례 이상 각 분야의 전문가를 초청한 특강 실시
연구 모임 지원	자발적으로 문형과 교안을 연구하거나 논문을 준비하는 교사들을 대상으로 구성원 모집 지원 및 장소 지원
한글날 관련 행사	한국어 퀴즈 대회, 부교재 공모전, 사진 콘테스트 등 한글날과 관련한 온·오프라인 행사
한국어교사 지원	한국어교사에게 필요한 온라인 강좌나 서적 구매, 자원 봉사 활동 등을 할 수 있도록 관련 단체 및 기관과의 협약
온라인 커뮤니티 활성화	네이버 대표 카페 '국제한국어교육자협회'를 통해 채용 정보, 교육 정보 등의 다양한 정보 지원 및 교사 간의 소통의 장 마련

국제한국어교육자협회 대표 이메일: iakll@iakll.or.kr

전화: 0505-3055-114 팩스: 02 -6280-1018

국제한국어교육자협회 누리집: www.iakll.or.kr

국제한국어교육자협회 커뮤니티: http://cafe.naver.com/forkorean

주소: 서울시 강남구 언주로 727, 9층

일러두기

이 교재는 대학에 진학한 학생이나 대학 진학을 목표로 하는 외국인 유학생을 위한 글쓰기 책입니다. 이 교재의 구성은 크게 13개의 주제로 나누어져 있으며 각 단원은 11개의 부분으로 나누어져 있습니다. 각 단원의 구성을 소개하면 다음과 같습니다.

1. 주제와 학습목표
개요짜기

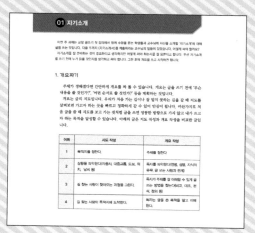

학습해야 할 주제와 학습의 목표를 제시하였다. 특히 교양수업에서 과제물을 받았을 때를 상상하여 주제에 대해서 생각해 보도록 구성하였다.

1. 개요 짜기
첫 번째 단계는 개요 짜기로 학습자들이 어떻게 글을 시작하고 써야 할지 모를 때 도움을 받을 수 있다. 개요는 크게 3부분으로 나누어져 있으며 간단히 어떻게 글을 쓸지에 대한 내용이 있다.

2. 어휘 고르기

쓸 주제에 대해서 가장 많이 사용되고 관련이 있는 어휘가 제시된다. 그뿐만 아니라 유학생 자신이 생각하는 어휘도 찾아서 쓸 수 있게 구성하였다. 더 나아가 어휘 의미와 문장을 만들어서 문장 쓰기를 연습해 볼 수 있고 이것을 바탕으로 문장을 확대해서 글로 써 볼 수 있다.

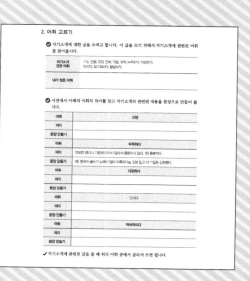

3. 목표 표현 고르기

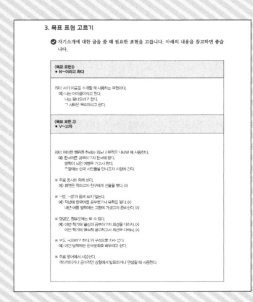

주제에 따른 쓰기에서 많이 사용되는 문형이나 표현을 골라 학습해 보도록 구성하였다. 학습 목표에 따라 다양한 쓰기 기능은 각 문형과 표현을 사용하여 여러 가지 형태로 구성할 수 있다. 목표 표현 고르기에서는 중요한 문형인 표현을 제시하고 간단한 설명과 함께 예문을 제시하여 기능적으로 익힐 수 있게 구성하였다.

4. 쓰기 강화

쓰기 강화에서는 앞선 목표 표현 고르기를 연습해 볼 수 있도록 구성하였다. 더 나아가 목표 표현 고르기에서 배우지 못한 다양한 기능 표현들을 학습할 수 있도록 제시하였다. 이 단계를 학습하면 쓰기 기능 표현에 대해서 많은 연습을 할 수 있을 것이다.

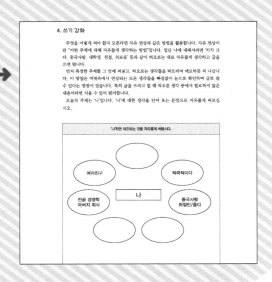

5. 토픽 쓰기

토픽 연습 단계에서는 교양 글쓰기와 같은 주제이거나 비슷한 주제, 또는 이 주제와 관련된 문형이 사용된 문제를 제시하여 토픽Ⅱ의 51번, 52번, 53번 문제를 연습할 수 있도록 하였다. 이 단계를 거치면 토픽Ⅱ 쓰기에 대한 부담을 줄일 수 있을 것이다.

6. 유학생이 쓴 글

유학생이 쓴 글은 실제 한국어를 배우고 있는 유학생이 쓴 글을 조금 각색하여 제시하였다. 실제 유학생이 잘못 쓰고 있는 부분을 찾아볼 수 있으며 이 단계를 학습하면 유학생 자신이 글을 어떻게 써야 하는지 그 방향을 짐작해 볼 수 있을 것이다.

7. 고쳐 쓰기

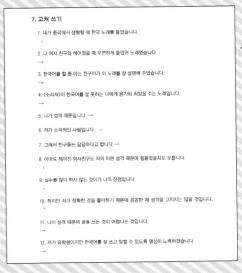

7. 고쳐 쓰기

1. 내가 중국에서 생활할 때 한국 노래를 들었습니다.
→

2. 나 여자 친구와 헤어졌을 때 우연하게 들었던 노래였습니다.
→

3. 한국어를 할 줄 아는 친구가 이 노래를 잘 설명해 주었습니다.
→

4. <소리쳐>이 한국어를 잘 못하는 나에게 용기와 희망을 주는 노래입니다.
→

5. 내가 성격 때문입니다. →

6. 저가 소극적인 사람입니다. →

7. 그래서 친구들은 답답하다고 합니다.→

8. 아마도 헤어진 여자친구도 저의 이런 성격 때문에 힘들었을지도 모릅니다.
→

9. 실수를 많이 하지 않는 것이 나의 장점입니다.
→

10. 하지만 저가 정확한 것을 좋아하기 때문에 꼼꼼한 제 성격을 고치지는 않을 것입니다.

11. 나이 성격 때문에 글을 쓰는 것이 어렵다는 것입니다.

12. 저가 유학생이지만 한국어를 잘 쓰고 말할 수 있도록 열심히 노력하겠습니다.
→

◀ 고쳐 쓰기 단계는 잘못 쓴 부분이 많은 유학생 글을 바르게 고쳐서 연습을 하는 단계이다. 이 단계를 학습하면 좀 더 정확하고 문맥에 맞는 글을 쓸 수 있을 것이다.

8. 고친 글 표현

이 단계는 잘못 쓴 유학생의 글을 고치고 나서 ▶ 왜 틀렸는지를 확인하는 단계이다. 틀린 부분에 대해서 정확히 이해하고 다시 틀리지 않게 도와주기 위해서 오류 관련 내용을 설명해 놓았다. 읽고 학습하는 것만으로도 문장쓰기에 자신감을 얻을 수 있을 것이다.

8. 고친 글 표현

이/가	은/는
1) 주어의 뒤에서 주어의 맥락을 돕는다. 문장 속에서 주어에 초점을 맞춘다. 예)연필이 가방 안에 있다. 2) 새로운 정보를 알려준다. 예)옛날 옛날에 예쁜 공주가 살았다.	1) 주어의 범위에 초점을 맞춘다. 예) 철수가 누구입니까? 　　철수는 우리 대학 총학생회장이다. 예) 김 교수님은 연구실에 계신다. 2) 알고 있는 정보를 알려준다. 예) 옛날 옛날에 공주가 살았다. 그 공주는 마음씨가 아주 착했다. 3) 비교나 대조의 의미를 표현한다. 예) 서울은 하느이때다 춥다. 예) 그는 매운 음식을 안 먹는다. 4) 지식, 정보, 상식 등을 표현한다. 예) 지구는 둥글다. 예) 베이징은 중국의 수도다.
주격조사 높임 표현 - 께서(는) 예) 할아버지께서는 버스를 타셨다. 예) 선생님께서는 전화를 하셨다.	

9. 내가 쓰는 글 개요짜기

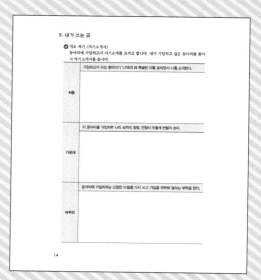

← 이 단계는 마무리 단계로 유학생이 이 주제에 대해 글을 써 보도록 제시하였다. 앞서서 배운 내용을 바탕으로 학습자 자신이 주제에 맞게 개요 짜기를 하도록 구성하였다. 각 단락의 내용에 맞게 개요나 내용을 간단히 적을 수 있게 하였다.

10~11. 내가 쓰는 글 (원고지 쓰기)
자기 평가

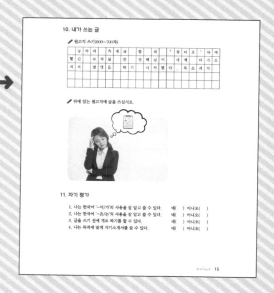

개요를 다 썼다면 이 단계에서는 실제 원고지에 글을 쓰도록 구성하였다. 처음 부분을 참고해서 글을 쓸 수 있게 하였고 실제로 뒤 부분에 있는 원고지에 글을 쓸 수 있게 하였다.

마지막으로 학습자 자신이 자기 평가를 통해 주제에 대해 이해를 했는지 점검을 하고 실제 글을 쓸 수 있는지 평가할 수 있게 만들었다.

단원	목표 표현	쓰기 강화	고친 글 표현
1. 자기소개	소개와 목적 표현 (~이라고 하다, ~고자)	자유 연상	주격 조사 (이/가, 은/는)
2. 의사소통의 중요성	정의하기 표현	정의하기 연습	목적격 조사 (을/를)
3. 문제해결 능력	양보 표현 (아무리 ~아/어도)	문장의 필수 성분	문어체 표현
4. 계절과 날씨	비교하기와 대조하기 표현	비교, 대조 연습	적합한 어휘 표현
5. 미래의 교통수단	분류하기와 예시하기 표현	분류와 예시 연습	어휘의 철자 오류
6. 독서 습관	인용 표현 (간접, 직접 인용)	인용 표현 연습	이유 표현 (~으니까, ~는 바람에)
7. 합리적인 소비 생활	목적 표현 (~으러, ~으려고 ~기 위해서)	목적 표현 연습	원인과 결과 표현 (이러한 이유 때문에 왜냐하면, 그러므로, ~기 때문이다)
8. 음식 문화의 다양성	열거하기와 나열하기의 표현	열거, 나열 연습	추가 표현 (~을 뿐만 아니라, ~은/는 데다가, ~으며)
9. 실수와 실패를 인정하는 사회	가정하기와 주장하기 표현	가정, 주장 표현 연습	문장 연결하기와 문장 나누기 글의 호응1
10. 대문중화 감상	묘사하기 표현 (마치 N같다, 아/어 보이다)	요약 방법 연습	올바른 보조사 사용 (도, 까지, 마저, 조차)
11. 일과 여가의 관계	분석하기 표현	분석 표현 연습	부정, 가능성 표현 (~지 않다, ~지 못하다 ~을 수밖에 없다) 속성 표현 (~는 편이다)
12. 스트레스와 건강	접속사 표현 (순접, 선택, 정리)	접속사 사용 연습	담화 표지어
13. 성공적인 유학 생활	근거 제시 표현 글의 호응2	근거 제시 연습	처음과 마무리 표현 글의 호응3

차   례

01

자기소개

[학습목표]

1. 주격조사 '이/가/, 은/는'을 바르게 쓸 수 있다.

2. 자기를 소개하는 글을 쓸 수 있다.

3. 개요 쓰기를 할 수 있다.

01 자기소개

이번 주 과제는 교양 글쓰기 첫 강의에서 함께 수업을 듣는 학생들과 교수님께 자신을 소개할 '자기소개'에 대해 글을 쓰는 것입니다. 다음 주까지 〈자기소개서〉를 제출하라는 교수님의 말씀이 있었습니다. 어떻게 써야 할까요?

자기소개를 잘 준비하는 것이 중요하다고 생각하지만 어떻게 써야 하는지를 잘 모른다고 합니다. 우선 자기소개를 쓰기 전에 누가 읽을 것인지를 생각하고 써야 합니다. 그런 후에 개요를 쓰고 시작하면 됩니다.

1. 개요짜기

주제가 정해졌다면 간단하게 개요를 짜 볼 수 있습니다. 개요는 글을 쓰기 전에 '무슨 내용을 쓸 것인가?', '어떤 순서로 쓸 것인가?' 등을 계획하는 것입니다.

개요는 글의 지도입니다. 우리가 처음 가는 길이나 잘 알지 못하는 길을 갈 때 지도를 살펴보면 가고자 하는 곳을 빠르고 정확하게 갈 수 있어 안심이 됩니다. 마찬가지로 처음 글을 쓸 때 지도를 보고 가는 것처럼 글을 쓰면 엉뚱한 방향으로 가지 않고 내가 쓰고자 하는 목적을 달성할 수 있습니다. 아래의 글은 지도 작성과 개요 작성을 비교한 글입니다.

어휘	지도 작성	개요 작성
1	목적지를 정한다.	주제를 정한다
2	상황을 파악한다(자동차, 대중교통, 도보, 위치, 날씨 등)	독자를 파악한다(연령, 성별, 지식의 유무, 글 쓰는 사람과 관계)
3	길 찾는 사람이 찾아오는 과정을 그린다.	독자가 주제를 잘 이해할 수 있게 글 쓰는 방법을 찾는다(비교, 대조, 분석, 정의 등)
4	길 찾는 사람이 목적지에 도착한다.	독자는 글을 쓴 목적을 알고 이해한다.

1단계: 주제를 정한다.
⟨'소리쳐'로 시작된 나의 한국 유학 생활⟩

2단계: 독자를 파악한다.
⟨첫 수업에서 만날 교수님과 학생들⟩

3단계: 글 쓰는 방법을 찾는다.
 – 내 성격의 장점과 단점을 쓴다.
 – 내가 잘 하는 일, 내가 좋아하는 일 등을 쓴다.

4단계: 독자의 공감을 유도한다.
 – 교양 글쓰기를 통해 하고 싶은 일을 쓴다.
 – 교양 글쓰기 교수님과 함께 수업을 듣는 학생들에게 하고 싶은 말을 쓴다.

< 글쓰기 수업을 위한 자기소개>

처음	'소리쳐'의 의미를 설명하며 나의 소개를 시작합니다.
가운데	성격의 장점/ 단점에 대해 씁니다. 내가 좋아하는 일. 내가 잘하는 일에 대해 씁니다.
마무리	교양 글쓰기수업에서 하고 싶은 것을 씁니다. 교수님과 학생들에게도 하고 싶은 말을 씁니다.

2. 어휘 고르기

☑ 자기소개에 대한 글을 쓰려고 합니다. 이 글을 쓰기 위해서 자기소개에 관련된 어휘를 찾아봅시다.

자기소개 관련 어휘	수도, 전공, 교양, 전혀, 가끔, 국적, 부족하다, 다양하다, 멋지다, 적극적이다, 활발하다
내가 찾은 어휘	

☑ 사전에서 아래 어휘의 의미를 찾고 자기소개와 관련된 내용을 문장으로 만들어 봅시다.

어휘	교양
의미	
문장 만들기	
어휘	부족하다
의미	필요한 양이나 기준에 미치지 않아서 충분하지 않다. 반) 충분하다
문장 만들기	예) 한국어 글쓰기 능력이 많이 부족하다는 것을 알고 이 수업을 신청했다.
어휘	다양하다
의미	
문장 만들기	
어휘	멋지다
의미	
문장 만들기	
어휘	적극적이다
의미	
문장 만들기	

✔ 자기소개에 관련된 글을 쓸 때 위의 어휘 중에서 골라서 쓰면 됩니다.

3. 목표 표현 고르기

✅ 자기소개에 대한 글을 쓸 때 필요한 표현을 고릅니다. 아래의 내용을 참고하면 좋습니다.

〈목표 표현1〉
- N〜이라고 하다

의미: 자기 이름을 소개할 때 사용하는 표현이다.
    예〉 나는 마이클이라고 한다.
        나는 왕타오라고 한다.
        그 사람은 율리아라고 한다.

〈목표 표현 2〉
- V〜고자

의미: 어떠한 행위를 하려는 의도나 목적을 나타낼 때 사용한다.
    예〉 한국어를 공부하고자 한국에 왔다.
        방학이 되면 여행을 가고자 한다.
        주말에는 한국 사람들을 만나고자 시장에 간다.

※ 주로 동사와 함께 쓴다.
    예〉 휘엔은 착하고자 친구에게 선물을 했다. (X)

※ '–었', '–겠'과 함께 쓰지 않는다.
    예〉 작년에 한국어를 공부했고자 유학을 왔다. (X)
        내년 여름 방학에는 고향에 가겠고자 준비한다. (X)

※ 명령문, 청유문에는 쓸 수 없다.
    예〉 이번 학기에 열심히 공부하고자 최선을 다하자. (X)
        이번 학기에 열심히 공부하고자 최선을 다해라. (X)

※ 보통 '–(으)려고 하다.'의 구성으로 자주 쓴다.
    예〉 이번 방학에는 한국문화를 배우려고 한다.

※ 주로 문어에서 사용한다.
    격식적이거나 공식적인 상황에서 발표하거나 연설할 때 사용한다.

4. 쓰기 강화

　무엇을 어떻게 써야 할지 모른다면 자유 연상과 같은 방법을 활용합니다. 자유 연상이란 "어떤 주제에 대해 자유롭게 생각하는 방법"입니다. 일단 나에 대해서라면 '키가 크다. 중국사람. 대학생. 친절, 외로움' 등과 같이 떠오르는 대로 자유롭게 생각하고 글을 쓰면 됩니다.

　먼저 특정한 주제를 그 안에 써넣고, 떠오르는 생각들을 퍼뜨리며 메모하듯 써 나갑니다. 이 방법은 머릿속에서 연상되는 모든 생각들을 빠짐없이 눈으로 확인하며 글로 쓸 수 있다는 장점이 있습니다. 특히 글을 쓰려고 할 때 떠오른 생각 중에서 필요하지 않은 내용이라면 지울 수 있어 편리합니다.

　오늘의 주제는 '나'입니다. '나'에 대한 생각을 단어 또는 문장으로 자유롭게 써보십시오.

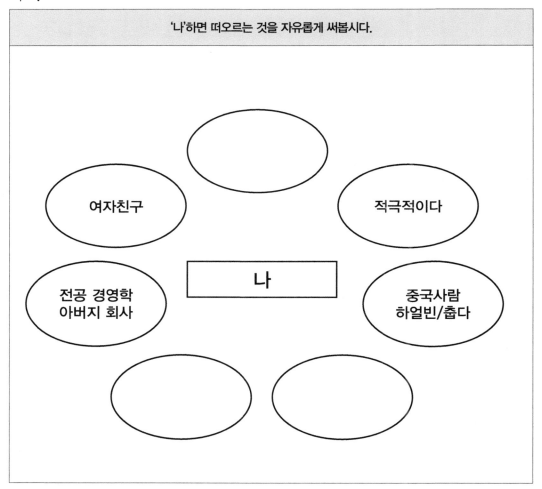

'나'하면 떠오르는 것을 자유롭게 써봅시다.

여자친구

적극적이다

나

전공 경영학
아버지 회사

중국사람
하얼빈/춥다

5. 토픽 쓰기

1. 다음을 읽고 ㉠과 ㉡에 들어갈 말을 각각 한 문장으로 쓰십시오.

> 　자기소개서는 나를 알리기 위해 쓰는 글입니다. 예를 들면 대학교에 입학하거나 동아리에 가입하거나 직장에 취직할 때 등 누군가에게 나에 대한 상세한 정보를 (　　㉠　　). 그래서 자신의 이름, 성격, 취미, 성격의 장점과 단점 등을 자세히 쓰면 읽는 사람은 글을 쓴 사람에 대해 (　　㉡　　).

　㉠ :

　㉡ :

2. 다음을 읽고 ㉠과 ㉡에 들어갈 말을 각각 한 문장으로 쓰십시오.

> 〈자기소개서 쓰기 대회〉
>
> 유학생 여러분, 자기소개서 쓰기 대회를 (　　㉠　　).
> 제출 기한: 2019년 3월 15일부터 4월 15일까지
> 제출 방법: 양식에 맞추어 작성하고 인쇄하여 교양대학에 제출
>
> 1학년 신입생들은 반드시 대회에 참석해야 합니다.
> 우리 대학 유학생들 모두 열심히 작성해서 좋은 결과가 있기를 바랍니다.
> ※양식은 첨부파일을 (　　㉡　　).

　㉠ :

　㉡ :

6. 유학생이 쓴 글

내가 중국에서 생활할 때 한국 노래를 들었습니다. 이승철이라는 가수의 노래인데 제목은 〈소리쳐〉입니다. **나 여자 친구와 헤어졌을 때** 우연하게 들었던 노래였습니다. 한국어를 전혀 알지 못했는데 이 노래를 듣고 마음이 편안해졌습니다. 그래서 이 노래의 가사를 알고 싶어졌습니다. **한국어를 할 줄 아는 친구이가** 이 노래를 잘 설명해 주었습니다. 나는 이 노래를 통해 한국어에 관심을 가졌고 한국으로 유학을 오게 되었습니다. 〈소리쳐〉이 **한국어를 잘 못하는 나에게 용기와 희망을 주는 노래입니다.** 앞으로 나의 꿈을 찾도록 도와줄 것입니다.

〈소리쳐〉라는 노래를 좋아하게 된 다른 이유는 **나가 성격 때문입니다.** 다른 사람에게 하고 싶은 말을 잘 하지 못하는 **저가 소극적인 사람입니다.** 게다가 조용한 편이기도 합니다. **그래서 친구들은 답답하다고 합니다. 아마도 헤어진 여자친구이도 저의 이런 성격 때문에 힘들었을지도 모릅니다.** 하지만 꼼꼼한 성격이라서 **실수를 많이 하지 않는 것이가 나의 장점입니다.** 친구들과 함께 과제를 할 때도 마지막 정리를 하는 사람은 저입니다. 그래서 친구들은 저와 같이 과제를 하면 좋은 성적을 받을 수 있다고 좋아합니다. 때로는 너무 꼼꼼하게 일을 하기 때문에 시간이 걸려서 잠을 많이 못잘 때도 있습니다. **하지만 저가 정확한 것을 좋아하기** 때문에 꼼꼼한 제 성격을 고치지는 않을 것입니다. 그렇지만 조금 더 빨리 일을 할 수 있도록 노력을 해 보겠습니다.

교양글쓰기를 하면서 가장 걱정이 되는 것은 **나이 성격 때문에 글을 쓰는 것이 어렵다는 것입니다.** 글을 쓸 때 나의 생각을 어떻게 써야 할지, 무슨 표현을 적어야 할지, 이 어휘는 맞는지를 계속 고민합니다. 고민을 하다가 한 줄도 못 쓸 때도 많습니다. 이 수업을 들으면서 이 부분을 고치고 싶습니다. 교수님의 도움을 받고 싶습니다. 대학교에서 공부하면서 힘든 부분이 보고서를 쓰거나 친구들 앞에서 발표를 하는 것입니다. 글쓰기를 잘해서 멋진 대학 생활을 하고 싶습니다. 글을 잘 쓰면 발표도 잘 할 수 있다는 자신감도 생길 것 같습니다. **저가 유학생이지만 한국어를 잘 쓰고 말할 수 있도록** 열심히 노력하겠습니다.

7. 고쳐 쓰기

1. 내가 중국에서 생활할 때 한국 노래를 들었습니다.

→

2. 나 여자 친구와 헤어졌을 때 우연하게 들었던 노래였습니다.

→

3. 한국어를 할 줄 아는 친구이가 이 노래를 잘 설명해 주었습니다.

→

4. 〈소리쳐〉이 한국어를 잘 못하는 나에게 용기와 희망을 주는 노래입니다.

→

5. 나가 성격 때문입니다. →

6. 저가 소극적인 사람입니다. →

7. 그래서 친구들는 답답하다고 합니다.→

8. 아마도 헤어진 여자친구이도 저의 이런 성격 때문에 힘들었을지도 모릅니다.

→

9. 실수를 많이 하지 않는 것이 나의 장점입니다.

→

10. 하지만 저가 정확한 것을 좋아하기 때문에 꼼꼼한 제 성격을 고치지는 않을 것입니다.

→

11. 나이 성격 때문에 글을 쓰는 것이 어렵다는 것입니다.

→

12. 저가 유학생이지만 한국어를 잘 쓰고 말할 수 있도록 열심히 노력하겠습니다.

→

8. 고친 글 표현

이/가	은/는
1) 주어의 뒤에서 주어의 역할을 돕는다. 문장 속에서 주어에 초점을 맞춘다. 예〉 철수가 총학생회장이다. 예〉 연필이 가방 안에 있다. 2) 새로운 정보를 알려준다. 예〉 옛날 옛날에 예쁜 공주가 살았다.	1) 주어의 행위에 초점을 맞춘다. 예〉 철수가 누구입니까? 　　철수는 우리 대학 총학생회장이다. 예〉 김 교수님은 연구실에 계신다. 2) 알고 있는 정보를 알려준다. 예〉 옛날 옛날에 공주가 살았다. 그 공주는 마음씨가 아주 착했다. 3) 비교나 대조의 의미를 표현한다. 예〉 서울은 하노이보다 춥다. 예〉 그는 매운 음식을 안 먹는다. 4) 지식, 정보, 상식 등을 표현한다. 예〉 지구는 둥글다. 예〉 베이징은 중국의 수도다.
주격조사 높임 표현 - 께서(는) 예〉 할머니께서(는) 버스를 타셨다. 예〉 선생님께서(는) 전화를 하셨다.	

1. ( )안에 알맞은 '-이/가, -은/는, -께서'를 쓰십시오.

1) 저(   ) 미국 뉴욕에서 온 존슨입니다.

2) 내(   ) 좋아하는 음식은 불고기입니다.

3) 나(   ) 음악 듣기를 좋아합니다.

4) 이것(   ) 필통입니다.

5) 누구(   ) 우리 과대표입니까?

6) 옛날에 왕자(   ) 살았다.

7) 이분(   ) 한국어 교수님입니다.

8) 빨간 장미꽃(   ) 예쁘다.

9) 그 사람(   ) 눈(   ) 크다.

10) 친구(   ) 편의점에 갔다.

11) 쉬는 시간에 학생들(   ) 빵을 먹는다.

12) 수업(   ) 끝나고 영화를 본다.

13) 나(   ) 친구의 선물을 샀다.

14) 친구와 나(   ) 수원역에서 만나기로 했다.

15) 바다(   ) 넓다.

16) 어머님(   ) 웃으신다.

17) 그(   ) 나보다 머리가 길다.

18) 런던(   )은 영국의 수도다.

19) 친구에게 선물 받은 이 책(   )은 너무 어렵다.

20) 왕타오(   ) 도서관에 간다.

21) 교수님(   ) 다음 주에 시험이 있다고 하셨다.

22) 한국의 수도(   ) 어디입니까?

23) 파란 색 볼펜(   ) 책상 위에 놓여 있다.

24) 옷걸이에 모자(   ) 걸려 있다.

25) 그 책(   ) 비싸고 이 책(   ) 싸다.

9. 내가 쓰는 글

✅ 개요 짜기 〈자기소개서〉

동아리에 가입하고자 자기소개서를 쓰려고 합니다. 내가 가입하고 싶은 동아리를 찾아서 자기소개서를 씁시다.

처음	가입하고자 하는 동아리가 '나'에게 왜 특별한 지를 말하면서 나를 소개한다.
가운데	이 동아리를 가입하면 나의 성격의 장점, 단점이 어떻게 변할지 쓴다.
마무리	동아리에 가입하려는 간절한 마음을 다시 쓰고 가입을 허락해 달라는 부탁을 한다.

10. 내가 쓰는 글

✏️ 원고지 쓰기(600~700자)

	동	아	리		축	제	를		할		때		"	왕	타	오	"	하	며
빨	간		모	자	를		쓴		선	배	님	이		내	게		다	가	오
셔	서		설	명	을		하	기		시	작	했	다	.	목	소	리	가	

✏️ 뒤에 있는 원고지에 글을 쓰십시오.

11. 자기 평가

1. 나는 한국어 '–이/가'의 사용을 잘 알고 쓸 수 있다.   네(   ) 아니오(   )
2. 나는 한국어 '–은/는'의 사용을 잘 알고 쓸 수 있다.   네(   ) 아니오(   )
3. 글을 쓰기 전에 개요 짜기를 할 수 있다.   네(   ) 아니오(   )
4. 나는 목적에 맞게 자기소개서를 쓸 수 있다.   네(   ) 아니오(   )

의사소통의 중요성

[학습목표]

1. 정의하기 표현을 활용하여 글을 쓸 수 있다.

2. 목적격 조사를 바르게 쓸 수 있다.

3. 주장하는 글을 쓸 수 있다.

의사소통의 중요성

여러분은 다른 사람과 의사소통이 되지 않아 괴로운 적이 있었습니까? 현대인들은 다른 사람들과의 의사소통 문제로 힘들어 한다고 합니다. 의사소통에 대해서 생각해 보고 다른 사람과 원활한 의사소통을 위해서 여러분은 어떤 노력을 하고 있는지 생각해 봅시다.

이번 주 과제는 〈의사소통의 중요성〉에 대해서 쓰는 것입니다. 과제물은 다음 주까지 제출하시기 바랍니다. 여러분은 위와 같은 과제물을 받았습니다. 어떻게 써야 할까요? 먼저 의사소통에 대해서 정의하고 자신의 생각을 정리합니다. 먼저 글의 개요를 써 봅시다.

1. 개요짜기

✔ 주제가 정해졌다면 간단하게 개요를 짜 볼 수 있습니다.

처음	의사소통을 정의하고 현대 사회에 나타나는 의사소통 현상을 씁니다.
가운데	의사소통의 중요성을 쓰고 소통을 잘하기 위한 방법에 대해서 씁니다.
마무리	의사소통의 중요성과 해결 방법을 강조합니다.

2. 어휘 고르기

✅ 의사소통의 의미와 그 중요성에 대한 글을 쓰려고 합니다. 이 글을 쓰기 위해서 의사소통과 관련된 어휘를 찾아봅시다.

의사소통과 관련된 어휘	소통, 간접적, 직접적, 비언어, 표정, 소외, 소셜 네트워크 서비스(Social Network Service, SNS), 관계, 갈등, 몸짓, 원만하다, 유지하다
내가 찾은 어휘	

✅ 사전에서 아래의 어휘를 찾고 의사소통과 관련된 내용으로 문장을 만들어 봅시다.

어휘	소통
의미	뜻이 서로 통해서 오해가 없는 것을 말한다.
문장 만들기	예〉 그 사람과는 의사소통이 되지 않는다.
어휘	직접적
의미	
문장 만들기	
어휘	원만하다
의미	
문장 만들기	
어휘	갈등
의미	
문장 만들기	
어휘	소외감
의미	
문장 만들기	

✔ 의사소통의 중요성에 관련된 글을 쓸 때 위의 어휘 중에서 골라서 쓰면 됩니다.

3. 목표 표현 고르기

✅ 의사소통의 의의와 중요성에 대한 글을 쓸 때 정의하기를 쓰려고 합니다. 정의하기 표현을 위해서 어떤 문형이나 표현을 써야 하는지 찾아봅시다.

정의하기란 어휘의 뜻을 명확히 하여 개념의 내용을 한정하는 설명의 방식을 뜻한다. 정의는 정의하고자 하는 개념을 'a는 b이다'의 형식으로 표현한다. 보통 'N은/는~이다.' 또는 'N(이)란~N을 말한다.'는 방식으로 표현한다.

〈정의하기 표현〉
■ ~(이)란 ~(이)다.
예〉 언어란 생각, 느낌 등을 나타내거나 전달하는 데에 쓰는 음성, 문자 따위의 수단이다.
■ ~(이)란 ~(이)라고 할 수 있다./ 볼 수 있다.
예〉 언어란 생각, 느낌 등을 나타내거나 전달하는 데에 쓰는 음성, 문자 따위의 수단이라고
    할 수 있다.
예〉 언어란 생각, 느낌 등을 나타내거나 전달하는 데에 쓰는 음성, 문자 따위의 수단이라고
    볼 수 있다.
■ ~(이)란 ~(임)을 알 수 있다.
예〉 언어란 생각, 느낌 등을 나타내거나 전달하는 데에 쓰는 음성, 문자 따위의 수단임을 알 수
    있다.
■ ~(이)란 ~을/를 의미한다.
예〉 언어란 생각, 느낌 등을 나타내거나 전달하는 데에 쓰는 음성, 문자 따위의 수단을 의미한다.
■ ~은/는 ~을/를 말한다.
예〉 언어는 생각, 느낌 등을 나타내거나 전달하는 데에 쓰는 음성, 문자 따위의 수단을 말한다.
■ ~은/는 ~이다.
예〉 언어는 생각, 느낌 등을 나타내거나 전달하는 데에 쓰는 음성, 문자 따위의 수단이다.

〈정의할 때 조심해야 하는 몇 가지〉
① 예술가는 예술하는 사람이다. (X) : '예술'이라는 개념을 다시 설명해야 한다. 같은 말을 사용
   해서 예술가를 설명하는 것은 잘못된 정의다.
② 책이란 도서관에 있는 것만이 아니다.(X) : 부정적인 표현으로 어떤 개념을 설명하는 것은
   바른 정의가 아니다.
③ 수박은 겉이 녹색과 검은 색이다.(X) : 정의하는 대상을 묘사하는 것은 바른 정의가 아니다.

4. 쓰기 강화

✎ 정의하기 표현을 사용하여 다음의 어휘로 문장을 써 봅시다.

보기		
	매체란	어떤 소식이나 사실을 널리 전달하거나 알리는 수단이다.
	매체란	어떤 소식이나 사실을 널리 전달하거나 알리는 수단을 말한다.
	매체란	어떤 소식이나 사실을 널리 전달하거나 알리는 수단을 의미한다.

1.	의지란	어떠한 일을 이루고자 하는 마음을 말한다.

2.	소통이란

3.	갈등이란

4.	수단이란

5.	의존이란

6.	경청이란

7.	SNS란

5. 토픽 쓰기

1. 다음을 읽고 ㉠과 ㉡에 들어갈 말을 각각 쓰십시오.

> 마이클 씨,
> 어제 (㉠   ) 미안해요.
> 약속 장소에 가다가 갑자기 배가 아파서 병원에 갔어요.
> 그런데 많이 (㉡   )?
> 연락했지만 통화가 안 되어 답답했어요.
> 그럼 답장 기다릴게요.

㉠ :

㉡ :

2. 다음을 읽고 ㉠과 ㉡에 들어갈 말을 각각 한 문장으로 쓰십시오.

> SNS는 개인적인 공간이기 때문에 불평이나 불만의 글을 (㉠   ). 자신만의 공간인데 누가 뭐라고 하겠는가? 하지만 그 글이 다른 사람에게 피해를 주는 글이어서는 안 된다. 왜냐하면 SNS는 내 주위 사람이 아닌 다른 사람도 그 글을 (㉡   ).

㉠ :

㉡ :

6. 유학생이 쓴 글

의사소통이란 서로의 생각과 감정을 말이나 행동, 글 등을 통해 주고받는 것을 의미하지 않는다. 이것은 인간이 사회생활을 할 때 기본적으로 필요한 능력이다. **최근에는 스마트폰이 사용하는 사람이 늘어남**에 따라서 SNS의 이용자 수가 증가했으며 인터넷 매체를 이용해 소통하는 사람이도 늘었다. 매체는 어떤 작용을 한쪽에서 다른 쪽으로 전달하는 물체를 말한다.

사람과 사람 사이에서 가장 중요한 것은 의사소통이다. 사람은 자신의 감정을 표현하고 다른 사람에게 위로를 받는다. 그리고 <u>의사소통에 통해서 서로 신뢰하고 의지가 될 수 있는 관계를 만든다.</u> 의사소통이 원활하지 않으면 상대방의 감정을 알기가 어렵다. 말하지 않아도 내 마음을 이해할 거라고 생각할 수 있지만 그렇지 않다. 의사소통이 정확하게 이루어지지 않으면 상대방이 원하는 것을 알지 못해서 갈등이나 오해가 생긴다.

그렇다면 좋은 <u>인간관계를 유지하기 위한 의사소통의 방법에는 무엇을 있을까? 먼저 상대방에게 적극적으로 말하는 목적은 전달해야 한다.</u> 빙빙 돌려서 이야기하면 내가 하려고 하는 말을 정확하게 알 수 없다. 둘째, 상대방의 입장에서 생각하는 것이 좋다. 왜냐하면 내가 어떤 표현을 사용하느냐에 따라서 상대방의 태도가 달라지기 때문이다. 마지막으로 인터넷을 이용한 소통을 줄여야 한다. SNS는 다양한 사람과 소통을 할 수 있지만 감정이 깊지 않고 관계가 쉽게 깨진다. 인터넷 공간에서 외롭게 지내지 말고 주변 사람들과 소통하는 방법을 찾아야 한다.

사람이란 혼자 살 수 없다. 다른 사람과의 소통이 중요하다. 그래서 의사소통을 잘할 수 있는 방법이 무엇인지 찾아야 한다. 그리고 사람들과 대화할 수 있는 기회를 만들어 자신에게 맞는 의사소통의 기법을 찾아야 한다. 계속 대화를 하다가 보면 자신에게 어울리는 대화 기법을 찾게 되어 다른 사람과의 소통 문제를 해결할 수 있을 것이다.

7. 고쳐 쓰기

1. 의사소통이란 서로의 생각과 감정을 말이나 행동, 글 등을 통해 주고받는 것을 의미하지 않는다.

→

2. 최근에는 스마트폰이 사용하는 사람이 늘어났다.

→

3. 매체를 이용해 소통하는 사람이도 늘었다.

→

4. 매체는 어떤 작용을 한쪽에서 다른 쪽으로 전달하는 물체를 말한다.

→

5. 의사소통에 통해서 서로 신뢰하고 의지가 될 수 있는 관계를 만든다.

→

6. 인간관계를 유지하기 위한 의사소통의 방법에는 무엇을 있을까?

→

7. 상대방에게 적극적으로 말하는 목적은 전달해야 한다.

→

8. 사람이란 혼자 살 수 없다.

→

8. 고친 글 표현

−을/를: 문장에서 목적어임을 나타낸다.

동사가 나타내는 행위의 직접적인 대상을 나타낸다.
① 친구가 책을 읽는다.
② 왕타오 씨가 친구를 만났다.
③ 마이클 씨는 방에서 텔레비전을 보고 있다.

2. 장소를 나타내는 명사에 이동 동사와 함께 쓰여 이동하는 출발지나 도착지가 진행이 되는 장소를 나타낸다.
① 나는 주말마다 도서관을 다닌다.
② 친구는 서둘러 그 자리를 떠났다.

3. 행위를 나타내는 명사에 가다, 오다 등의 동사가 함께 쓰여 어떤 행위의 목적임을 나타낸다.
① 한국으로 유학을 왔다.
② 친구와 나는 한라산에 등산을 가기로 했다.

4. 수 표현에 붙어 어떤 행위의 시간이나 그 행위의 수량을 나타낸다.
① 기숙사에서 일 년을 살았다.
② 사과 한 개를 줬다.

5. '∼을 ∼(으)로' 으로 쓰여 어떤 행위의 기준이 되는 대상임을 나타낸다.
① 칠십 점을 기준으로 진급이 결정된다.
② 대학을 목표로 열심히 공부를 한다.

✔ 다음 문장이 맞으면 ○, 틀리면 × 하십시오.

1. 내 친한 친구는 한 학기를 휴학했다.   (   )
2. 어제 밤 12까지를 기다렸다.   (   )
3. 학교 식당에서 친구와 함께 밥을 먹었다.   (   )
4. 친구 부르는 소리 들었다.   (   )
5. 지난 방학 때 부산을 갔다.   (   )
6. 돈을 많이 모아서 빨리 부자를 되고 싶다.   (   )
7. 여행할 때 돈을 많이 필요하다.   (   )

9. 내가 쓰는 글

✅ 개요 짜기 〈의사소통의 중요성〉

처음	의사소통의 정의와 현대 사회에 나타나는 의사소통 현상을 쓴다.
가운데	의사소통의 중요성에 대해서 쓴다.
	의사소통을 잘할 수 있는 방법을 쓴다.
마무리	의사소통의 중요성과 해결 방법을 강조한다.

10. 내가 쓰는 글

✏️ 원고지 쓰기 (600~700자)

	의	사	소	통	이	란		사	람	과		사	람	이		모	여	서	
자	신	의		생	각	과		상	대	방	의		의	견	을		교	류	하
거	나		인	간	관	계	를		맺	기		위	해	서		하	는		행
동	이	다	.																

✏️ 뒤에 있는 원고지에 글을 완성하십시오.

11. 자기 평가

1. 나는 정의하기 표현으로 글을 쓸 수 있다.　　네 (　　) 아니오 (　　)
2. 나는 목적격 조사를 바르게 쓸 수 있다.　　네 (　　) 아니오 (　　)
3. 나는 주장하는 글을 쓸 수 있다.　　네 (　　) 아니오 (　　)

03

문제해결 능력

[학습목표]

1. 격식체와 문어체의 차이를 알 수 있다.

2. 문장의 주요 성분을 알고 적합한 표현으로 글을 쓸 수 있다.

3. 문제를 해결하는 글을 쓸 수 있다.

03 문제해결 능력

유학생활을 하다보면 여러 문제가 생깁니다. 기숙사 문제, 수강신청 문제, 한국 친구들과의 문제, 교수님과의 문제, 강의실에서의 문제, 생활비의 문제, 그리고 외로움이나 답답함 등의 감정적인 문제가 생기기도 합니다. 여러분은 어떤 문제가 있었습니까? 왜 그 문제가 생겼습니까? 그리고 그 문제를 어떻게 해결했습니까?

이번 주 과제는 〈유학생활과 문제해결〉에 대한 글을 쓰는 것입니다. 과제물은 다음 주까지 제출하시기 바랍니다. 여러분은 위와 같은 과제물을 받았습니다. 어떻게 써야 할까요? 먼저 글의 개요를 써야 합니다.

1. 개요짜기

✅ 주제가 정해졌다면 간단하게 개요를 짜 볼 수 있습니다. 개요는 글을 쓰기 전에 무슨 내용을 쓸 것인가? 어떤 순서로 쓸 것인가? 등을 계획하는 것입니다.

처음	학교생활을 하는 동안 문제가 생긴 것을 간단하게 설명합니다. 그 문제들은 어떤 종류의 문제였는지 제시합니다.
가운데	1. 원인 분석 내가 겪은 문제 중에서 가장 해결하기 힘들었던 문제는 무엇이 있었습니까? 그 문제는 왜 생겼습니까? 2. 해결방법 어떤 방법으로 그 문제를 해결했습니까? 왜 그 방법으로 문제를 해결할 생각을 했습니까?
마무리	문제를 잘 해결할 수 있는 능력은 앞으로의 나의 생활에 어떤 영향을 미칠 것인지를 기대하면서 마무리합니다.

2. 어휘 고르기

✅ 학교생활에서 생긴 문제를 해결하는 방법에 대해 글을 쓰려고 합니다. 이 글을 쓰기 위해서 관련된 어휘를 찾아봅시다.

문제해결 능력 관련 어휘	출석, 사유서, 습관, 버릇, 스스로, 천천히, 허겁지겁, 제출하다, 열다, 등록하다, 생기다, 가져오다, 상쾌하다, 나빠지다, 다짐하다, 떨어지다, 느끼다, 서두르다, 중요하다, 들어가다, 발생하다, 해결하다, 후회하다, 분석하다.
내가 찾은 어휘	

✅ 사전에서 아래의 어휘를 찾고 문제해결과 관련된 내용으로 문장을 만들어 봅시다.

어휘	사유서
의미	
문장 만들기	
어휘	허겁지겁
의미	
문장 만들기	
어휘	상쾌하다
의미	
문장 만들기	
어휘	분석하다
의미	복잡한 것을 풀어서 알기 쉽게 나누다.
문장 만들기	예) 문제가 생겼을 때 그 문제가 왜 생겼는지 분석해야 한다.
어휘	서두르다
의미	
문장 만들기	

✔ 문제해결 능력과 관련된 글을 쓸 때 위의 어휘 중에서 골라서 쓰면 됩니다.

3. 목표 표현 고르기

✅ 문제해결을 위한 글쓰기를 하려면 어떤 문형이나 표현을 써야 하는지 찾아봅시다.

〈목표 표현 1〉
■ 아무리 A/V∼어도

의미: 앞 문장의 내용을 가정하거나 인정하지만 뒤의 문장에는 관계가 없거나 영향을 끼치지 않음을 나타낸다.

※ '–겠–'을 함께 사용할 수 없다.
예〉 아무리 어렵겠어도 하고 말 것이다. (X)
　　아무리 힘들어도 하고 말 것이다.(O)
　　아무리 비싸도 저 원피스는 사야겠다.(O)
　　아무리 추워도 운동을 매일 한다. (O)

※ 'A/V– 더라도'와 큰 의미 차이 없이 바꿔 쓸 수 있다.
예〉 아무리 더워도 에어컨을 틀지 않을 거야.
　　아무리 덥더라도 에어컨을 틀지 않을 거야.

〈목표 표현 2〉
■ V∼을 뻔하다

의미: 어떤 일이 일어날 가능성이 아주 높았지만 사실은 일어나지 않았음을 나타낸다.

※ 주로 부정적인 내용과 같이 쓰인다.
예〉 길이 막혀서 지각할 뻔했다.(O)
　　시험을 잘 봐서 1등을 할 뻔했다.(X)

※ '–었/– 겠'과 함께 사용할 수 없다.
예〉 길이 막혔어서 지각할 뻔했다. (X)
　　길이 막히겠어서 지각할 뻔했다.(X)

※ 주로 과거의 일에 대해 말할 때 쓰므로 '뻔했다'로 쓴다.
예〉 버스에서 졸아서 정류장에서 못 내릴 뻔한다.(X)
　　버스에서 졸아서 정류장에서 못 내릴 뻔하겠다.(X)
　　버스에서 졸아서 정류장에서 못 내릴 뻔했다. (O)

※'하마터면, 자칫하면, 까딱하면'등과 같이 쓰인다.
예〉 늦잠을 자서 하마터면 차를 놓칠 뻔했다.

1. 다음 문장이 맞으면 O, 틀리면 X 하십시오.

1) 아무리 추웠어도 나는 학교에 간다.　　　　（　　　）

2) 아무리 더워도 운동을 할 것이다.　　　　（　　　）

3) 날씨가 추웠어서 감기 걸릴 뻔했다.　　　　（　　　）

4) 시험을 못 봤다고 생각했는데 1등을 할 뻔했다.　　　　（　　　）

5) 너무 빨리 달려서 넘어질 뻔한다.　　　　（　　　）

6) 게임을 많이 해서 하마터면 안경을 쓸 뻔했다.　　　　（　　　）

7) 지각을 많이 해서 F학점을 받을 뻔하겠다.　　　　（　　　）

8) 아무리 날씬해도 많이 먹어도 된다.　　　　（　　　）

9) 아무리 어려워도 포기해야 한다.　　　　（　　　）

10) 길이 막히겠어서 지각할 뻔했다.　　　　（　　　）

2. 아래의 표현을 사용하여 두 문장을 하나의 문장으로 만드시오.

−을 뻔하다	아무리 −아/어아도

1) 늦잠을 잤다. 지각을 할 줄 알았는데 안 했다.

→

2) 정말 덥다. 그래도 뜨거운 커피만 마신다.

→

3) 정말 많이 먹는다. 그래도 날씬하다.

→

4) 교통사고가 났다. 다친 줄 알았는데 안 다쳤다.

→

5) 정말 성적이 좋다. 그래도 열심히 공부해야 한다.

→

4. 쓰기 강화

<문장의 필수 성분>

말을 하는 것과 글을 쓰는 것은 다릅니다. 말을 할 때는 문장 성분을 생략해도 됩니다. 예를 들어 "어디 가?", "서울"과 같이 주어, 목적어, 서술어 등을 빼고 사용할 수 있습니다. 문장 성분을 빼고 말해도 말하는 사람과 듣는 사람은 서로 하는 말을 이해할 수 있습니다. 그러나 글을 쓸 때는 문장의 필수 성분을 빼 놓고 쓴다면 글을 읽는 사람들은 이해할 수 없는 부분들이 많이 생깁니다. 그래서 글을 쓸 때는 반드시 문장 성분을 모두 써야 합니다.

문장 성분은 한 문장을 구성하는 요소입니다. 문장 성분은 문장에서 필수적으로 필요한 주성분(또는 필수 성분), 부속 성분, 그리고 문장 구성과는 직접적인 관련이 없는 독립 성분으로 나뉩니다. 문장 성분 가운데 주어와 서술어는 반드시 있어야 합니다.

주어는 사건이나 상태의 주체가 될 것이고, 서술어는 주어의 동작이나 상태 및 성질을 서술합니다. '먹다'와 같은 서술어는 목적어가 필요합니다. '되다'와 같은 서술어는 보어가 필요합니다. 이들 주어, 서술어, 목적어, 보어를 모두 주성분이라고 합니다. 주어와 서술어는 문장에서 반드시 필요한 성분이고, 목적어와 보어는 서술어의 성격에 따라 필요한 성분입니다.

누가 무엇이	동생이 한국 음식을 먹는다. (누가) 제주도는 아름답다. (무엇이) 어머니께서는 베트남에 계신다. (누가)
어찌하다 어떠하다 무엇이다	왕타오가 책을 읽는다. (어찌하다) 휘엔은 착하다. (어떠하다) 그 분은 글쓰기 교수님이시다. (무엇이다)
무엇을 누구를	나는 아침을 먹는다. (무엇을) 수업이 끝나고 도서관에서 과제를 한다. (무엇을) 내 친구는 베트남 유학생 휘엔을 좋아한다. (누구를)
무엇이 되다 무엇이 아니다	리리는 동아리 회장이 되었다. 그 사람은 중국 사람이 아니다.

✅ 예1〉 어머니께서 한국 음식을 만드셨는데 잘 먹고 나서 고맙다는 인사를 했다.

　　이 문장을 보면 앞 부분은 어머니가 음식을 만드신 것을 알겠는데 뒤 부분에서는 누가 잘 먹고 나서 인사한 사람인지 알 수 없습니다. 그래서 글을 쓸 때 주어를 빼면 이해하기 어려운 글이 될 수 있습니다.

　　→ 어머니께서 한국 음식을 만드셨는데 호앙은 잘 먹고 나서 고맙다는 인사를 했다.

✅ 예2〉 나는 도서관에 가서 빌리고 다시 연장을 하려고 했다.

　　이 문장을 보면 도서관에서 무엇을 빌리고 연장을 하려고 했는지 알 수 없습니다. 물론 추측을 통해 책을 빌리고 연장을 했다고 생각할 수 있겠지만 빌린 것이 책이었는지 연장한 것은 빌린 책이었는지 혹은 다른 것인지를 정확하게 알 수 없습니다. 그래서 글을 쓸 때 목적어를 빼면 이해하기 어려운 글이 될 수 있습니다.

　　→ 나는 도서관에 가서 전공 수업에 필요한 책을 빌리고 지난주에 빌린 책을 연장하려고 했다.

✅ 예3〉 경영학을 전공하고 있는 왕타오는 졸업하면 고향도 좋다.

　　이 문장을 보면 왕타오가 졸업하면 어떻게 해야 한다는 서술어가 없습니다. 고향이 좋다라는 것으로 왕타오의 상황을 설명할 수 없습니다.

　　→ 경영학을 전공하고 있는 왕타오는 졸업하면 고향에 가서 취직을 할 것이다.

1. 다음에서 빠진 성분을 찾아 바르게 고치십시오.

1) 하루도 빠짐없이 도서관에서 공부하는 장학금을 받았다.

　→

2) 왕타오는 우체국에 가서 보내고 기분이 좋았다.

　→

3) 휘엔이 고향에 도착했을 때는 벌써 시작되었다.

　→

4) 어제 휘엔이 왕환을 만났는데 인사도 없이 가 버렸다.

　→

5) 고향에 있는 어머니는 사랑한다.

　→

5. 토픽 쓰기

1. 다음을 읽고 ㉠과 ㉡에 들어갈 말을 각각 한 문장으로 쓰십시오.

〈창의적 문제해결 대회 유의 사항〉

1. 온라인 접수를 할 때는 반드시 실명 확인을 해야 합니다.
2. 대회 당일에 사진이 부착된 신분증을 (㉠   ).
3. 노트북 컴퓨터를 위한 외부 전원은 공급하지 않습니다. 참가팀은 배터리를 충분히
   (㉡   ).
4. 본선 참가자는 대회 시작 30분 전까지 도착하여 입구에서 확인을 받아야 합니다.

㉠ :

㉡ :

2. 다음을 읽고 ㉠과 ㉡에 들어갈 말을 각각 한 문장으로 쓰십시오.

다른 나라에서 생활하거나 공부하다 보면 가끔씩 고향이 그리워지거나, 스트레스를 받을 때
도 많다. 왜냐하면 익숙한 환경을 벗어나 낯선 곳에서의 공부, 생활비의 부족 등 여러 문제로 인
해 (㉠   ). 하지만 비슷한 경험이 있는 유학생들끼리 이야기를 나누다보면 (㉡   ).

㉠ :

㉡ :

6. 유학생이 쓴 글

　방학동안 늦잠을 자는 버릇이 생겨서 일찍 일어나는 것이 어렵다. 학기가 시작되었지만 지각을 자주 **하는군요.** 또 밤늦게 먹는 버릇이 생겨서 밤만 되면 배가 고파 아무것이나 허겁지겁 먹어요. 그래서 살이 많이 **쪘습니다.** 이런 문제들이 유학생활을 **힘들게 합니다.**

　오늘도 교양 글쓰기 시간에 결석을 **할 뻔했어요.** 교수님은 결석 3번이면 아무리 시험을 잘 봐도 출석 점수가 나쁘기 때문에 좋은 성적을 줄 수 없다고 **말했습니다.** 지금까지 지각이 2번인데 지각 3번은 결석 1번으로 한다고 **했습니다.** 글쓰기 교수님은 결석에 대한 사유서도 써 오라고 **했어요.** 나는 출석점수가 나쁘면 좋은 성적을 받을 수 없기 때문에 이번 학기에 장학금을 받을 수 없을지도 **몰라요.** 유학생활 중에서 나는 이 문제를 제일 먼저 해결하고 싶다. 생활이 너무 나빠져서 이것을 꼭 고치고 싶다.

　우선 문제가 무엇인지를 **생각해 봐요.** 내가 왜 늦게 자게 **되었을까요?** 그 문제를 정확하게 알아야지 해결할 수 있는 방법이 **생깁니다.** 방학동안 아르바이트를 하느라고 늦게 집에 왔다. 늦은 저녁을 먹고 청소를 하고 게임을 하다가 자는 시간을 놓쳐서 새벽 3시 정도에 잠이 들었다. 아르바이트는 일주일에 세 번만 가는데 일주일 내내 똑같은 생활을 하는 것을 발견했다. 그래서 아르바이트를 하는 날과 하지 않은 날의 나의 생활을 먼저 점검해 보았다.

　점검하면서 늦게 자는 버릇을 고칠 수 있는 방법을 생각해 보았다. 하루 계획을 세워 놓고 자는 시간, 일어나는 시간, 공부하는 시간 등 중요한 시간을 꼭 지키도록 **노력합니다.** 집에 있는 시계 2개의 알람을 맞추고 휴대폰에도 맞춰 놓는다. 또 밤늦게 게임을 하느라 야식을 먹고 늦게 자는 것도 고친다. 게임을 할 수는 있지만 밤에 하지 않고 낮에 2시간 정도만 하기로 다짐한다. 이렇게 하면 늦잠을 자는 습관을 고칠 것이다. 늦잠을 자지 않으면 상쾌한 마음으로 하루를 시작할 수 있어요. 그러면 공부도 잘 할 수 있고 강의 시간에 늦지 않아서 **좋을 것이에요.**

　유학생활은 혼자서 하는 것이다. 혼자서 잘 살려면 스스로의 규칙이 있어야 한다. 규칙을 잘 지키면 유학생활이 즐거워질 뿐만 아니라 좋은 성적도 **받을 수 있습니다.** 오늘부터 하루 계획을 짜서 책상에 붙여 놓고 꼭 지키기로 **다짐합니다.**

7. 고쳐 쓰기

　　방학동안 늦잠을 자는 버릇이 생겨서 일찍 일어나는 것이 어렵다. 학기가 시작되었지만 지각을 자주 (　　　). 또 밤늦게 먹는 버릇이 생겨서 밤만 되면 배가 고파 아무것이나 허겁지겁 (　　　). 그래서 살이 많이 (　　　). 이런 문제들이 유학생활을 힘들게 (　　　).

　　오늘도 교양 글쓰기 시간에 결석을 할 (　　　). 교수님은 결석 3번이면 아무리 시험을 잘 봐도 출석 점수가 나쁘기 때문에 좋은 성적을 줄 수 없다고 (　　　). 지금까지 지각이 2번인데 지각 3번은 결석 1번으로 한다고 (　　　). 글쓰기 교수님은 결석에 대한 사유서도 써 오라고 (　　　). 나는 출석점수가 나쁘면 좋은 성적을 받을 수 없기 때문에 이번 학기에 장학금을 받을 수 없을지도 (　　　). 유학생활 중에서 나는 이 문제를 제일 먼저 해결하고 싶다. 생활이 너무 나빠져서 이것을 꼭 고치고 싶다.

　　우선 문제가 무엇인지를 생각해 (　　　). 내가 왜 늦게 자게 (　　　) 그 문제를 정확하게 알아야지 해결할 수 있는 방법이 (　　　). 방학동안 아르바이트를 하느라고 늦게 집에 왔다. 늦은 저녁을 먹고 청소를 하고 게임을 하다가 자는 시간을 놓쳐서 새벽 3시 정도에 잠이 들었다. 아르바이트는 일주일에 세 번만 가는데 일주일 내내 똑같은 생활을 하는 것을 발견했다. 그래서 아르바이트를 하는 날과 하지 않은 날의 나의 생활을 먼저 점검해 보았다.

　　점검하면서 늦게 자는 버릇을 고칠 수 있는 방법을 생각해 보았다. 하루 계획을 세워 놓고 자는 시간, 일어나는 시간, 공부하는 시간 등 중요한 시간을 꼭 지키도록 (　　　). 집에 있는 시계 2개의 알람을 맞추고 휴대폰에도 맞춰 놓는다. 또 밤늦게 게임을 하느라 야식을 먹고 늦게 자는 것도 고친다. 게임을 할 수는 있지만 밤에 하지 않고 낮에 2시간 정도만 하기로 다짐한다. 이렇게 하면 늦잠을 자는 습관을 고칠 것이다. 늦잠을 자지 않으면 상쾌한 마음으로 하루를 시작할 수 있다. 그러면 공부도 잘 할 수 있고 강의 시간에 늦지 않아서 (　　　).

　　유학생활은 혼자서 하는 것이다. 혼자서 잘 살려면 스스로의 규칙이 있어야 한다. 규칙을 잘 지키면 유학생활이 즐거워질 뿐만 아니라 좋은 성적도 받을 수 (　　　). 오늘부터 하루 계획을 짜서 책상에 붙여 놓고 꼭 지키기로 (　　　).

8. 고친 글 표현

<격식체를 문어체로 바꿔 쓰기>

격식체는 '-습니다'의 형태로 쓴 글을 말합니다. 격식체는 다른 사람 앞에서 발표할 때의 글, 또는 뉴스에서 말할 때의 글, 편지를 쓸 때 많이 사용하는 형식입니다. 이것을 문어체로 바꾸려고 합니다. 문어체는 보통 글에서 쓰는 형태로 '-는다/다'의 형태로 씁니다. 다음은 어느 유학생의 글을 문어체로 바꾼 것입니다.

격식체	문어체
저는 중국 사람인데 고향은 칭타오입니다. 한국 사람들은 청도라고도 말합니다. 2년 전에 한국에 와서 어학당을 다니면서 한국어를 공부했습니다. 4급까지 공부한 후에 대학교에 입학했습니다. 전공을 선택할 때 너무 힘들었습니다. 경영학도 공부하고 싶고 패션 디자인도 공부하고 싶었습니다. 부모님과 어학원 선생님들과 상의한 후 경영학을 선택했습니다.	나는 중국 사람으로 고향은 칭타오다. 한국 사람들은 청도라고도 말한다. 2년 전에 한국에 와서 어학당을 다니면서 한국어를 공부했다. 4급까지 공부한 후에 대학교에 입학했다. 전공을 선택할 때 정말 힘들었다. 경영학도 공부하고 싶고 패션 디자인도 공부하고 싶었다. 부모님과 어학원 선생님들과 상의한 후 경영학을 선택했다.
학기가 시작되고 전공 공부를 시작할 때 많은 문제가 생겼습니다. 어학원에서 4급 정도까지 공부를 하면 대학교에서 공부하는 것이 어렵지 않을 것이라 생각했습니다. 근데 강의시간에 교수님의 말씀을 하나도 알아듣지 못해 아무것도 할 수 없었습니다. 전공 책에 나오는 어휘는 하나도 모르겠고 교수님의 말씀은 너무 빨라 알아듣지 못했습니다. 학교에 가는 것이 고통스러웠습니다.	학기가 시작되고 전공 공부를 시작할 때 많은 문제가 생겼다. 어학원에서 4급 정도까지 공부를 하면 대학교에서 공부하는 것이 어렵지 않을 것이라 생각했다. 그런데 강의시간에 교수님의 말씀을 하나도 알아듣지 못해 아무것도 할 수 없었다. 전공 책에 나오는 어휘는 하나도 모르겠고 교수님의 말씀은 너무 빨라 알아듣지 못했다. 학교에 가는 것이 고통스러웠다.
잠도 제대로 잘 수 없었고 입맛도 없어서 식사도 잘 하지 않았습니다. 하지만 아르바이트는 꼭 해야 하기 때문에 늦은 시간까지 일을 했습니다. 일을 하다 보니 피곤해서 늦잠을 자는 날이 많아졌습니다. 수업시간에 자주 지각을 하게 되었습니다. 어느 날, 교수님께서 부르시면서 상담을 하자고 하셨습니다.	잠도 제대로 잘 수 없었고 입맛도 없어서 식사도 잘 하지 않았다. 하지만 아르바이트는 꼭 해야 하기 때문에 늦은 시간까지 일을 했다. 일을 하다 보니 피곤해서 늦잠을 자는 날이 많아졌다. 수업시간에 자주 지각을 하게 되었다. 어느 날, 교수님께서 상담을 하자고 하셨다.

✏️ 앞에서 본 것과 같이 유학생의 글을 격식체에서 문어체로 고쳐 써 봅시다.

격식체	문어체
내가 중국사람입니다. 중국 베이징에서 태어났습니다. 베이징은 중국의 수도입니다. 중국에서 한국으로 유학을 왔습니다. 처음 어학원에서 4급까지 공부하고 대학교에 왔습니다. 하지만 한국어가 너무 어렵습니다. 대학 공부하는 것은 정말 어렵습니다. 교양 과목도 어렵고 전공 과목도 어렵습니다. 그렇지만 열심히 공부합니다.	나는 중국사람으로 베이징에서 태어났다. 베이징은 중국의 수도다. 중국에서 한국으로 유학을 ( ). 처음 어학원에서 4급까지 공부하고 대학교에 ( ). 하지만 한국어가 너무 어려울 뿐만 아니라 대학에서 공부하는 것이 정말 ( ). 교양 과목도 어렵고 전공 과목도 어렵다. 그렇지만 열심히 공부하고 있다.
내가 한국 음식 좋아합니다. 매운 음식이가 너무 맛있습니다. 한국에서 먹은 음식이 정말 많습니다. 나는 먹는 것이 좋습니다. 언제나 내일 무엇을 먹을까 생각합니다. 하지만 요리하기가 싫습니다. 청소하는 것도 싫어합니다.	나는 한국 음식을 좋아한다. 매운 음식이 너무 맛있다. 한국에서 먹은 음식이 정말 ( ). 나는 먹는 것을 좋아한다. 언제나 내일 무엇을 먹을까 생각한다. 하지만 요리하기가 싫고 청소하는 것도 ( ).
나는 옷을 사는 것을 좋아합니다. 쇼핑 자주 합니다. 수원역에 가고 가끔 서울에도 갑니다. 패션디자인 전공이어서 옷에 관심이 많습니다. 친구들은 나의 사타일을 좋아합니다. 하지만 옷을 자주 사서 돈이 부족합니다. 부모님은 돈을 조금만 쓰라고 합니다. 그러나 사고 싶은 것이 너무 많아서 자주 쇼핑합니다.	나는 옷을 사는 것을 좋아한다. 쇼핑도 자주 한다. 수원역에도 가고 가끔 서울에도 ( ). 패션디자인 전공이어서 옷에 관심이 많다. 친구들은 나의 스타일을 좋아한다. 하지만 옷을 자주 사서 돈이 늘 ( ). 부모님은 돈을 조금만 쓰라고 하신다. 그러나 사고 싶은 것이 너무 많아서 자주 쇼핑한다.
대학 생활을 하면서 많은 문제가 생겼지만 문제를 잘 해결하면서 살고 싶습니다. 대학 생활을 잘 해서 멋진 패션 디자이너가 될 것입니다.	대학 생활을 하면서 많은 문제가 생겼지만 문제를 잘 해결하면서 살고 싶다. 대학 생활을 잘 해서 멋진 패션 디자이너가 될 ( ).

✔ 도움말

1. 문어체로 쓸 때는 '저는'처럼 나를 낮추지 않고 보통 '나는'이라고 쓰는 것이 좋다.
2. '너무', '근데'는 말할 때 많이 사용하는 표현이므로 문어체로 쓸 때는 '너무'를' 매우', '아주'로 고치고 '근데'는 '그런데'로 고쳐야 한다.

9. 내가 쓰는 글

✅ 개요 짜기 〈유학생활에서의 문제해결 능력〉

처음	생활하면서 겪었던 문제를 찾아서 2~3개 정도를 쓴다.
가운데	문제를 해결하기 위해 어떤 방법을 찾았는가?
	문제를 해결하는 과정에서 얻은 것은 무엇인가?
마무리	문제를 해결하는 능력의 중요성을 강조하면서 마무리한다.

10. 내가 쓰는 글

✏️ 원고지 쓰기 (600~700자)

		유	학	을		결	정	할		때		부	모	님	과		사	이	가
좋	지		않	아		내		마	음	대	로		학	교	를		알	아	
보	았	다.		하	지	만		유	학	원	마	다		조	건	이		달	라

✏️ 뒤에 있는 원고지에 글을 쓰십시오.

11. 자기 평가

1. 나는 문어체로 글을 쓸 수 있다.   네 (　) 아니오(　)
2. 나는 문장의 주요 성분을 안다.   네 (　) 아니오(　)
3. 나는 문제를 해결하는 방법을 찾아 글을 쓸 수 있다.   네 (　) 아니오(　)

04

계절과 날씨

[학습목표]

1. 날씨에 관련된 표현을 이해하고 쓸 수 있다.

2. 비교하기와 대조하기의 표현을 쓸 수 있다.

3. 계절과 날씨에 대해 소개하는 글을 쓸 수 있다.

04 계절과 날씨

한국에서 유학하면서 힘든 점이나 좋은 점은 무엇이 있었는지 생각해 봅시다. 음식, 날씨, 언어 등 여러 가지가 있겠지만 날씨 때문에 힘들었고 좋았던 기억이 있을 것입니다. 날씨는 인간의 건강이나 생활에 큰 영향을 줍니다. 또 날씨만큼 쉽고 가볍게 이야기하거나 쓸 수 있는 주제도 흔치 않습니다. 날씨에 대해서 생각해 보고 날씨에 관련된 표현을 생각해 볼까요?

이번 주 과제는 〈고향과 한국의 계절과 날씨〉입니다. 고향과 한국의 계절과 날씨를 비교해서 글을 써 오는 것입니다. 과제물은 다음 주까지 제출하시기 바랍니다. 여러분은 위와 같은 과제물을 받았습니다. 어떻게 써야 할까요? 먼저 글의 개요를 써야 합니다.

1. 개요짜기

✔ 주제가 정해졌다면 간단하게 개요를 짜 볼 수 있습니다. 개요는 글을 쓰기 전에 무슨 내용을 쓸 것인가? 어떤 순서로 쓸 것인가? 등을 계획하는 것입니다.

처음	고향에 대해서 간단히 소개하면서 위치를 설명합니다. 고향의 계절을 몇 개로 나눌 수 있는지 소개합니다.
가운데	고향의 각 계절을 자세하게 소개합니다. 언제부터 언제까지인지, 각 계절의 특징이나 그 계절에 할 수 있는 일들이나 날씨와 관련된 문제를 씁니다. 한국의 계절과 비교해서 글을 씁니다. 고향의 계절과 한국의 계절에 대한 공통점과 차이점이 무엇인지 씁니다.
마무리	앞으로 한국 날씨나 고향의 날씨에 대해 예상해 보고 날씨에 대한 자신의 생각을 정리해서 씁니다.

2. 어휘 고르기

✅ 고향과 한국의 계절이나 날씨에 대해서 글을 쓰려고 합니다. 이 글을 쓰기 위해서 계절이나 날씨에 관련된 어휘를 찾아봅시다.

계절과 날씨 관련 어휘	봄, 여름, 가을, 겨울, 더위, 추위, 바람, 공기, 비, 눈, 습도, 습기, 기온, 영하, 영상, 열대야, 장마철, 태풍, 폭우, 폭설, 미세 먼지, 황사, 단풍, 꽃샘추위, 맑다, 흐리다, 개다, 따뜻해지다, 추워지다, 포근하다, 쌀쌀하다, 더워지다, 후텁지근하다, 무덥다, 건조하다, 습하다
내가 찾은 어휘	

✅ 사전에서 아래의 어휘를 찾고 계절과 날씨에 관련된 내용으로 문장을 만들어 봅시다.

어휘	습하다
의미	어떤 장소나 공기가 물기가 많아서 젖은 듯하다.
문장 만들기	예〉 한국의 장마철은 비가 많이 와서 습한 편이다.
어휘	건조하다
의미	
문장 만들기	
어휘	후텁지근하다
의미	
문장 만들기	
어휘	포근하다
의미	
문장 만들기	
어휘	미세 먼지
의미	
문장 만들기	

✔ 계절과 날씨에 관련된 글을 쓸 때 위의 어휘 중에서 골라서 쓰면 됩니다.

3. 목표 표현 고르기

✅ 고향의 계절과 한국의 계절에 대해 비교하는 글을 쓰려고 합니다. 비교하는 글을 쓰기 위해서 어떤 문형이나 표현을 써야 하는지 찾아봅시다.

대조하기 표현 (차이점)	● 앞의 문장과 뒤의 문장이 반대되는 내용이 나올 때 사용한다. 1. A/V ~지만 예〉 고향의 겨울은 눈이 안 오지만 한국의 겨울은 눈이 온다. 2. A/V ~으나 예〉 고향에 겨울은 눈이 안 오나 한국의 겨울은 눈이 온다. 3. A/V ~은/는 반면에 예〉 고향의 겨울은 눈이 안 오는 반면에 한국의 겨울은 눈이 온다. 4. 반면에 N에서 차이가 있다. 예〉 고향의 겨울은 눈이 안 온다. 반면에 한국의 겨울은 눈이 온다는 것에서 차이가 있다. 5. 이에 반해(서)~ 예〉 고향은 겨울에 눈이 안 온다. 이에 반해서 한국의 겨울은 눈이 온다. 6. N과/와는 달리~ 예〉 고향의 겨울과는 달리 한국의 겨울은 눈이 온다. 7. N에 비해서 예〉 고향의 겨울에 비해서 한국의 겨울은 눈이 많이 오는 편이다.
비교하기 표현 (공통점)	● 앞의 내용과 뒤의 내용이 비슷한 내용이 나올 때 사용한다. 1. A/V ~는다는 점에서 비슷하다. / N라는 점에서 비슷하다. 예〉 고향과 한국은 사계절이 있다는 점에서 비슷하다. 2. N과/와 N의 공통점은 ~(는)다는 것이다. 예〉 고향의 계절과 한국의 계절의 공통점은 사계절이 있다는 것이다.

✏️ 위에서 배운 표현을 가지고 문장을 만들어 보십시오.

1. 어제는 _____ 오늘은 _____

2. 한국과 중국은 _____ 점에서 비슷하다

4. 쓰기 강화

✏️ 비교, 대조하기 표현을 사용해서 연습해 봅시다.

	한국어의 구어	한국어의 문어
차이점	1. 은, 는, 을, 를처럼 조사를 사용하지 않아도 된다. 2. 3.	1. 조사를 꼭 사용해야 한다. 2. 3
공통점	1. 구어와 문어 모두 언어이다. 2.	

✏️ 한국어의 구어와 문어는 차이점과 공통점이 있다. 먼저 차이점을 말하면 _____

_____

_____

	고향 언어(자국 언어)	한국어
차이점	1. 2.	1. 2.
공통점		

✏️ 고향 언어와 한국어는 _____

_____

_____

5. 토픽 쓰기

[1~2] 다음을 읽고 (   )에 들어갈 말을 각각 한 문장씩 쓰십시오.

1.

> 날씨 예보
> 장마는 다음달 27일까지 전국적으로 많은 비가 내릴 것으로 보입니다. 이번 달 26일 남부를 시작으로 30일부터는 서울까지 올 것이라고 기상청은 (㉠   ). 전국적으로 7월 전반에는 많은 비가 올 것으로 예상되며, 7월 중반부터 후반까지는 강한 비가 내릴 것 같습니다.
> 따라서 일기예보와 날씨 상황을 수시로 (㉡   ).

㉠ :

㉡ :

2.

> 한국은 사계절이 있다. 봄, 여름, 가을, 겨울의 날씨가 다르다. 여름은 6월부터 8월까지인데 7월은 장마철로 비가 가장 많이 오기 때문에 (㉠   ). 그에 반해 겨울은 비가 거의 오지 않기 때문에 건조하고 춥다. 그래서 감기에 걸리기가 쉽다. 감기에 걸리지 않으려면 두꺼운 옷을 한 벌 입는 것보다 (㉡   ).

㉠ :

㉡ :

6. 유학생이 쓴 글

　내 고향은 미국 인디애나인데 사계절이 있다. 한국인들은 나에게 인디애나가 어디냐, 날씨가 좋으냐고 항상 물어본다. 인디애나는 미국의 동쪽에 있고 오대호 남쪽에 있는데 고향의 날씨는 좋다.

　고향의 봄과 가을은 **적은 편이다.** 여름은 **4월 중부터** 시작된다. 햇빛 때문에 **눈이 아프니까** 선글라스가 **필요한다.** **계절 안에서** 여름이 가장 길다. 여름은 비가 오지 않고 너무 덥다. 38도까지 올라갈 때도 있지만 **습도가 없어서** 집안에 있거나 건물 안에 있으면 괜찮다. 해가 있는 시간이 길어져서 아침 5시부터 저녁 10시까지 해를 볼 수 있다. 고향의 계절과 한국의 계절은 사계절이라는 점에서 비슷하다. 반면에 한국의 봄은 3월부터 5월까지이고 가을은 9월부터 11월까지로 고향에 비해 길다. 한국의 봄은 황사와 미세먼지 때문에 공기가 좋지 않다는 점에서 고향과 다르다. 또한 한국의 여름은 6월부터 시작한다는 점에서 고향의 여름과 차이가 있다. 한국의 여름은 **비가 많이 오는 때가 있는데** 이것을 장마철이라고 부른다. 고향의 여름은 건조한 반면에 한국의 여름은 너무 습한 편이다.

　고향은 8월 **끝부터** 시원해지기 시작하고 10월에는 추워지기 시작한다. **근데, 10월에 깜짝 덥을 때가 있다.** 이것을 '인디안 섬머'라고 **부르다.** 가을에는 **단풍이 나오고** 더 추워지면 **단풍이 내린다.** 단풍이 있는 고향의 가을은 매우 아름답다. 한국과 고향의 가을은 단풍이 아름답다는 점에서 비슷하다. 짧은 가을이지만 사람들은 가을을 매우 좋아한다. 겨울은 길고 추우며 바람이 **지나치다.** 그래서 더 추운 것 같다. 한국의 겨울은 바람이 많이 불지 않아서 고향의 겨울보다 덜 추운 것 같다.

　고향의 날씨와 한국의 날씨의 공통점도 있고 차이점도 있었다. 그 중 공통점은 날씨가 점점 더워지고 점점 길어지고 있다는 것이다. 날씨가 점점 더워지는 이유는 사람들이 환경을 함부로 사용해서이다. 고향과 한국의 날씨가 다르지만 사람들은 날씨가 더 이상 더워지지 않고 예전과 같으면 좋을 것 같다.

7. 고쳐 쓰기

1) 고향의 봄과 가을은 적은 편이다.

→

2) 여름은 4월 중부터 시작된다.

→

3) 8월 끝부터 시원해지기 시작하고

→

4) 햇빛 때문에 눈이 아프니까 선글라스가 필요한다.

→

5) 계절 안에서 여름이 가장 길다.

→

6) 습도가 없어서 집안에 있으면 괜찮다.

→

7) 한국의 여름은 비가 많이 오는 때가 있다.

→

8) 근데, 10월에 깜짝 덥울 때가 있다.

→

9) 이것을 '인디안 섬머'라고 부르다.

→

10) 가을에는 단풍이 나오고 더 추워지면 단풍이 내린다.

→

11) 겨울은 길고 추우며 바람은 지나치다.

→

8. 고친 글 표현

적다 – 수, 양, 정도가 일정 기준까지 오지 못할 때 사용하는 표현이다. 　예) 다른 강의실에 비해 학생이 적다.	짧다/ 짧아지다 – 어떤 기준 시간에서 다른 시간까지가 길지 않거나 점점 시간이 줄어들 때 사용한다. 　예) 여름이 짧다. 짧은 가을이 아쉽다. 　　여름이 점점 짧아지다
눈이 아프다 – 보통 눈에 병이 생기거나 눈이 자극을 받아 아플 때 사용하는 표현이다. 　예) 어두운 곳에서 책을 봤더니 눈이 아팠다.	눈이 부시다 – 빛이 세거나 색깔이 강해서 보기가 어려울 때 사용하는 표현이다. 　예) 햇빛이 강해서 눈이 부시다.
습도 – 공기 중에 수증기가 있는 정도로 보통 숫자로 말하거나 '높다, 낮다'로 말한다. 따라서 '습도가 없다'는 사용할 수 없다. 　예) 습도가 낮다. ⇔ 습도가 높다.	습기 – 수증기(물기)를 가지고 있는 공기를 말한다. – 습기가 있다/ 없다/ 많다/ 적다 등 모두 사용할 수 있다. 　예) 한국의 여름은 습기가 많다.
지나치다 – 일이나 사람과 관련된 일에 대해서 기준을 넘어설 때 사용한다. 　예) 운동을 지나치게 많이 했다. 　　친구는 열정이 지나친 편이다.	심하다 – 일이나 현상의 정도가 넘어서 지나칠 때 사용한다. – 보통 날씨를 표현할 때 많이 쓴다. 　예) 바람이 심하게 분다. 　　두통이 심해서 약을 먹었다.

계절 – 여러 계절이 있는데 한 계절을 표현하고 싶을 때는 '계절 중'에서 라는 표현을 사용한다. 　예) 계절 안에서 건조한 계절은 겨울이다. (X) 　　계절 중에서 제일 좋아하는 계절은 봄이다. (O)
단풍 – 늦가을에 식물의 잎이 빨간색, 노란색, 갈색으로 변하는 것을 단풍이라고 한다. 　단풍이 생기는 것과 단풍이 나무에서 떨어질 때 표현하는 어휘가 따로 있다. 　예) 단풍이 들다. 단풍이 물들다 　　단풍이 지다. 단풍이 떨어지다
'필요하다'처럼 형용사가 서술어가 될 때는 '필요한다'가 아니라 '필요하다'로 써야 한다. 예) 등산을 갈 때는 물이 필요한다. (X) 　여행을 가기 위해서는 돈이 필요하다. (O)
'부르다'처럼 동사가 현재의 상태를 나타낼 때는 '부른다'로 써야 한다. 예) 우리 강아지는 '뽀삐'라고 부르다.(X) 　25도가 넘는 밤을 '열대야'라고 부른다. (O)

9. 내가 쓰는 글

✅ 개요 짜기 〈고향과 한국의 계절과 날씨〉

처음	고향의 간략한 소개와 고향의 계절을 설명한다.
가운데	고향의 계절의 특징과 한국의 계절의 특징을 비교해서 차이점을 쓴다.
	고향의 계절의 특징과 한국의 계절의 특징을 비교해서 공통점을 쓴다.
마무리	고향의 날씨나 한국 날씨에 대해서 정리해 보고 날씨에 대한 자신의 바람을 쓴다.

10. 내가 쓰는 글

✏️ 원고지 쓰기 (600~ 700자)

	내		고	향	은		한	국	보	다		남	쪽	에		있	다	.	한
국	과		비	슷	하	게		사	계	절	이		있	지	만		계	절	의
길	이	는		다	르	다	.												

✏️ 뒤에 있는 원고지에 글을 쓰십시오.

11. 자기 평가

1. 나는 계절과 날씨에 관련된 어휘를 잘 알고 있다.　　　네 (　　) 아니오 (　　)
2. 나는 비교와 대조의 표현을 잘 알고 사용할 수 있다.　　네 (　　) 아니오 (　　)
3. 나는 날씨를 소개하는 글을 쓸 수 있다　　　　　　　　네 (　　) 아니오 (　　)

05

미래의
교통수단

[학습목표]

1. 교통과 관련된 표현을 이해하고 글을 쓸 수 있다.

2. 분류하기와 예시하기의 방법으로 글을 쓸 수 있다.

3. 예측하는 글을 쓸 수 있다.

미래의 교통수단

여러분은 일상생활에서 어떤 교통수단을 자주 이용합니까? 나라마다 이용하는 교통수단이 다르기도 하고, 과거부터 지금까지 시간이 지남에 따라 교통수단은 변화하고 발전했습니다. 기술의 발달로 다양한 교통수단이 개발되고 있는데 미래의 교통수단이 어떻게 변화할지 예측해 봅시다.

이번 주 과제는 〈미래의 교통수단〉에 대해 글을 쓰는 것입니다. 과제물은 다음 주까지 제출하시기 바랍니다. 여러분은 위와 같은 과제물을 받았습니다. 어떻게 써야 할까요? 먼저 글의 개요를 써야 합니다.

1. 개요짜기

✔ 주제가 정해졌다면 간단하게 개요를 짜 볼 수 있습니다. 개요는 글을 쓰기 전에 무슨 내용을 쓸 것인가? 어떤 순서로 쓸 것인가? 등을 계획하는 것입니다.

처음	과거부터 지금까지 교통수단에는 어떤 것들이 있는지 소개합니다.
가운데	미래에는 어떤 교통수단이 개발되겠습니까? 그렇게 생각한 이유는 무엇입니까?
마무리	교통수단에 따라 달라질 미래를 예측하면서 마무리합니다.

2. 어휘 고르기

✅ 교통수단에 대한 글을 쓰기 위해서 관련된 어휘를 찾아봅시다.

교통 관련 어휘	기술, 소음, 유해물질, 공기 오염, 환경 파괴, 옮기다, 움직이다, 이동하다, 갈아타다, 환승하다, 이용하다, 개발하다, 연결되다, 발달하다, 복잡하다, 편리하다, 밀접하다
내가 찾은 어휘	

✅ 사전에서 아래의 어휘의 의미를 찾고 교통과 관련된 문장을 만들어 봅시다.

어휘	이동하다
의미	
문장 만들기	
어휘	환승하다
의미	
문장 만들기	
어휘	개발하다
의미	지식, 재능, 산업, 경제 등을 더 좋게 발전시키다.
문장 만들기	예) 사람들은 더 편리하고 빠른 교통수단을 개발하고 있다.
어휘	연결되다
의미	
문장 만들기	
어휘	밀접하다
의미	
문장 만들기	

✔ 교통과 관련된 글을 쓸 때 위의 어휘 중에서 골라서 쓰면 됩니다.

3. 목표 표현 고르기

✔️ 교통수단에 대해 글을 쓰려고 할 때 분류하기와 예시하기 표현을 활용하면 좋습니다. 어떻게 써야 하는지 알아봅시다.

분류하기 표현	분류는 어떤 것을 일정한 기준에 따라 종류를 나누어 설명하는 방법이다. 큰 항목을 작은 항목으로 나눌 수 있고, 작은 항목에서 큰 항목으로 묶을 수도 있다. [분류의 방법] ① N은/는 ~, ~, ~ 으로 나눌 수 있다./나눈다. 예〉 올림픽 경기는 육상, 수영, 체조, 구기 종목으로 나눌 수 있다. ② N에는 ~, ~, ~ 등이/가 있다. 예〉 대중매체에는 인쇄매체, 전파매체, 통신매체 등이 있다. ③ ~, ~, ~은/는 N에 속한다./ 포함된다. 예〉 한국, 중국, 일본, 베트남은 아시아에 속한다.
예시하기 표현	예시는 어떤 것에 대해 구체적인 예를 들어 알기 쉽게 설명하는 방법이다. [예시의 방법] ① 예를 들면(예를 들어) ~ 등이 있다. 예〉 김치의 종류에는 여러 가지가 있는데 예를 들면 배추김치, 물김치, 열무김치 등이 있다. ② ~와/과 같은 예를 들 수 있다. 예〉 생활에 편리함을 주는 물건으로는 스마트 폰, 로봇 청소기와 같은 예를 들 수 있다. ③ ~을/를 예로 들 수 있다. 예〉 특별한 날에 먹는 음식은 생일날에 먹는 미역국, 설날에 먹는 떡국을 예로 들 수 있다. ④ 예컨대 예〉 예컨대 우리가 알고 있는 인터넷 정보 중에 잘못된 내용들이 많다.

4. 쓰기 강화

✅ 분류와 예시 표현을 사용해서 연습해 봅시다.

교통수단		
육상	해상	항공
자동차, 버스, 기차	배, 요트, 유람선	비행기, 열기구, 헬리콥터

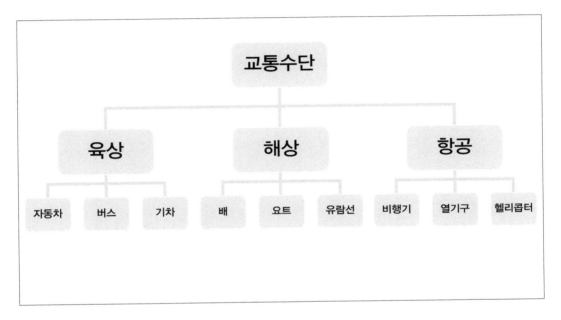

　　교통수단은 육상(땅), 바다, 하늘에서 이용하는 것으로 나눌 수 있다. 육상에서 이용하는 교통수단으로 예를 들면 자동차, 버스, 기차 등이 있다. 그리고 해상에서 이용하는 교통수단은 배, 요트, 유람선과 같은 예를 들 수 있다. 또한, 항공과 관련된 교통수단은 비행기, 열기구, 헬리콥터를 예로 들 수 있다.

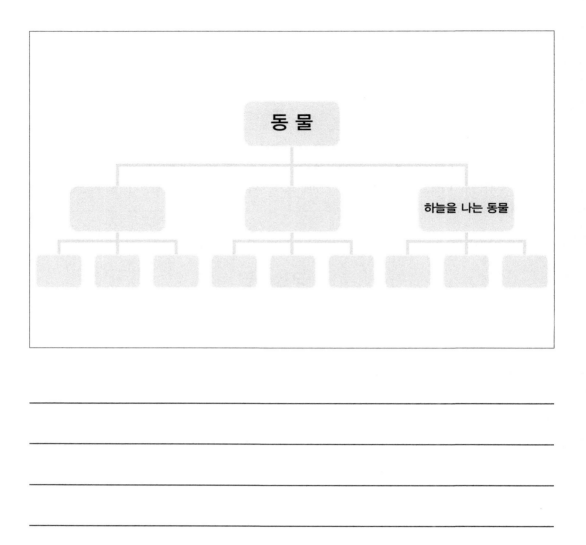

5. 토픽 쓰기

1. 다음을 읽고 (   )에 들어갈 말을 각각 쓰십시오

> 많은 지역에서 공공 자전거 대여 서비스를 제공하고 있다. 이 서비스는 자전거의 가격과 관리 등에 부담을 느끼는 사람들에게 큰 인기를 끌고 있다. 무료로 자전거를 (㉠   ) 이용한 다음, 지정된 장소에 반납하면 된다. 하지만 현재 시작 단계인 지역에서는 서비스 운영 중 여러 가지 (㉡   ). 이런 문제 해결을 위해 지역 관계자들은 시민들의 의견을 듣고 지속적인 노력을 하고 있다고 전하였다.

㉠ :

㉡ :

2. 다음을 읽고 (   )에 들어갈 말을 각각 한 문장씩 쓰십시오.

> 과학과 기술이 발전하면서 최근에는 자율 주행 자동차에 대한 연구가 활발해지고 있다. 자율 주행 자동차는 운전자가 운전을 하지 않아도 목적지만 입력을 해 놓으면 자동차가 스스로 (㉠   ). 일정한 속도로 사고 없이 운전을 할 수 있다는 장점도 있지만 기계가 파악할 수 없는 돌발 상황이 발생했을 때 대처할 수 없다는 (㉡   ).

㉠ :

㉡ :

6. 유학생이 쓴 글

　교통수단이란 사람이 이동을 하거나 물건을 옮기기 위해 도와주는 것들이다. 옛날에 사람들은 대부분 걸어 다녔고, 교통수단에는 들고 움직이는 가마, 말, 말이 끄는 수레나 마차, 나무를 이어 만든 뗏목 등이 있었다. 주로 동물이나 자연의 힘을 이용한 교통수단들이 많이 있었다.

　요즘은 기술과 과학의 발달로 다양한 교통수단이 나오게 되었다. 예전과 비교해 보면 이동하는 데 시간이 적게 걸리는 교통수단이 나오게 되었는데 **차동차, 기차, 비항기, 배 등이 현제 많이 이용하고 있는 고통수단이다.** 이런 교통수단의 개발로 사람들은 **옌날보다 더 빨라고 펄리하게 이동을 할 수 있게 되었다.** 하지만 현재의 교통수단에 그치지 않고 미래를 위한 **세로운 교통수단이 계슉 개발되고 있다.** 예를 들어 전기 자동자, 무인 자동차, 자기 부상 열차 등이 있다. 현재의 교통수단을 살펴보면 먼 거리를 짧은 시간에 이동할 수 있게 되어서 **일상생활이나 영행을 다닐 때 편리함을 주는 긍정적인 부분들도 있지만** 한편으로는 부정적인 부분들도 나타나고 있다. **보스, 탁시 등에서 나오는 유해물질들이 공키를 오염시키고 환경을 파개하고 있다는 문재점들이 마니 지적되고 있기 때문이다.** 이런 환경 문제를 해결하기 위해 전기 자동차가 개발되었다. 그리고 운전자들의 실수로 교통사고가 일어나면 많은 사람들이 목숨을 잃게 되는데 이런 경우 운전자가 운전을 하지 않아도 자동차가 스스로 운전을 할 수 있는 무인 자동차 등 새로운 교통수단이 현재 시범 운행되거나 개발 중에 있다. **현재 KTX 고슉열차의 개발로 먼 거리를 짤븐 시간에 갈 수 있게 되었다.** 하지만 미래의 열차는 소음을 없애고 더 빠른 속도로 갈 수 있는 진공 열차나 하늘을 날 수 있는 택시가 개발될 것이라는 예측도 나오고 있다. 시대가 변하고 많은 것들이 달라지면서 교통수단 또한 다양하게 발전해 왔다.

　과거에도 그랬고 현재에도 그렇듯이 교통수단은 **사람들의 생활과 가장 밀쩝하게 연결되어 있다.** 그러므로 앞으로 어떤 모습으로 발전하게 될지 사람들의 관심이 쏠리고 있다. 지금까지의 교통수단은 단순히 사람들의 생활을 편리하게 만들고 이동을 빠르게 하기 위한 것이었다. 하지만 앞으로 미래의 교통수단은 사람들의 생활을 더욱 편리하게 하면서 동시에 환경과 사람의 안전까지도 생각하는 그런 교통수단이 나올 것이라고 예측할 수 있겠다.

7. 고쳐 쓰기

1. 차동차, 기차, 비항기, 배 등이 현제 많이 이용하고 있는 고통수단이다.

→

2. 옛날보다 더 빨라고 펼리하게 이동을 할 수 있게 되었다.

→

3. 세로운 교통수단이 계숙 개발되고 있다.

→

4. 일상생할이나 영행을 다닐 때 편리함을 주는 긍정적인 부분들도 있지만

→

5. 보스, 탁시 등에서 나오는 유해물질들이 공키를 오염시키고 환경을 파개하고 있다.

→

6. 문재점들이 마니 지적되고 있기 때문이다.

→

7. 현재 KTX 고숙열차의 개발로 먼 거리를 짤븐 시간에 갈 수 있게 되었다.

→

8. 사람들의 생활과 가장 밀쩝하게 연결되어 있다.

→

8. 고친 글 표현

잘못 쓴 어휘 종류

1. /ㄱ(평음)/--/ㅋ(격음)/--/ㄲ(경음)/   /ㄷ/--/ㅌ/--/ㄸ/   /ㅂ/--/ㅍ/--/ㅃ/
/ㅈ/--/ㅊ/--/ㅉ/   /ㅅ/--/ㅆ/
: 자음 중 특히 평음-격음-경음의 발음 차이를 쉽게 이해하지 못하여 발음뿐 아니라 어휘를 잘못 쓸 때가 있다.
예〉 지하철 → 치하철

      장소 → 창소   아직 → 아찍
      치마 → 지마   깜짝 → 깜작
      다른 → 따른   비싸다 → 삐사다

2. /ㅗ/와 /ㅜ/   /ㅔ/와 /ㅐ/   /ㅗ/와 /ㅓ/
: 나라별로 모음의 발음을 혼동하거나 발음이 비슷하여 차이를 구별하지 못하여 잘못 쓸 때가 있다. 대표적으로 위 모음들을 자주 틀리게 사용한다.

예〉 복잡하다 → 북잡하다
      부모님 → 부무님   일본 → 일분
      제주도 → 재주도   그런데 → 그런대
      버스 → 보스

3. 발음 때문에 잘못 쓰는 경우
: 모국어의 영향도 있고, 발음 규칙을 잘 생각하지 않고 들은 발음을 그대로 써서 틀릴 때가 있다.

예〉 많아 → 마니
      작년 → 장년   비행기 → 비항기
      편리 → 펼리   한국어 → 한구거

4. 받침을 잘못 쓰는 경우 : 앞, 뒤 받침의 영향으로 받침을 더 넣거나 빼서 잘못 쓸 때가 있다.

예〉 고향 → 공향
      한국 → 학국   여행 → 영행
      만나요 → 마나요

5. 외래어를 잘못 쓰는 경우: 외래어 표기법을 잘 알지 못해서 외래어를 발음 나는 대로 그대로 써서 틀릴 때가 있다.

예〉 air conditioner(에어컨) → 에어콘
      chocolate(초콜릿) → 초코릿   orange (오렌지) → 오랜지
      game(게임) → 개임   color(컬러) → 칼라

9. 내가 쓰는 글

✅ 개요 짜기 〈미래의 교통수단〉

처음	현재의 교통수단을 분류하거나 예를 들어 설명한다.
가운데	미래의 교통수단을 예측한다.
	미래의 교통수단을 예측한 것에 대한 근거를 제시한다.
마무리	미래 교통수단을 사용할 나의 다짐을 적으며 마무리를 한다.

10. 내가 쓰는 글

✏️ 원고지 쓰기 (600~700자)

	현	재		우	리	가		살	고		있	는		시	대	에	는		다
양	한		교	통	수	단	이		있	다	.	한	국		사	람	들	은	
주	로		버	스	,	택	시	,	지	하	철		등	의		대	중	교	통
을		이	용	하	고		있	다	.										

✏️ 뒤에 있는 원고지에 글을 쓰십시오.

11. 자기 평가

1. 나는 교통수단과 관련된 글을 쓸 수 있다.   네 (   ) 아니오 (   )
2. 나는 분류하기와 예시하기 표현을 잘 알고 쓸 수 있다.   네 (   ) 아니오 (   )
3. 나는 미래를 예측하는 글을 쓸 수 있다.   네 (   ) 아니오 (   )

06

독서 습관

[학습목표]

1. 독서 습관에 대해 글을 쓸 수 있다.

2. 인용의 개념을 이해하고 다양한 표현으로 쓸 수 있다.

3. 설득하기 위한 글을 쓸 수 있다.

06 독서 습관

책을 읽으면 지식과 정보를 얻고 타인의 경험을 통해 성장할 수 있으며 미래를 계획할 수 있습니다. 많은 사람들이 독서의 중요성과 필요성에 대해 말하지만 정작 독서를 습관처럼 하는 것은 어렵다고 합니다.

이번 주 과제는 〈독서 습관〉에 대해 글을 쓰는 것입니다. 과제물은 다음 주까지 제출하시기 바랍니다. 여러분이 위와 같은 과제물을 받았습니다. 어떻게 써야 할까요? 먼저 글의 개요를 써야 합니다.

1. 개요짜기

✅ 주제가 정해졌다면 간단하게 개요를 짜 볼 수 있습니다. 개요는 글을 쓰기 전에 '무슨 내용을 쓸 것인가?', '어떤 순서로 쓸 것인가?' 등을 계획하는 것입니다.

처음	독서의 습관에 대해 말한 유명 인물의 말을 인용합니다. 유학 생활을 하는 동안에 나의 독서 생활에 대해 씁니다.
가운데	독서가 중요한 이유를 씁니다. (3가지 정도) 　• 　• 　•
마무리	독서를 습관화할 수 있는 방법을 찾고 독서의 중요성을 다시 강조합니다.

2. 어휘 고르기

☑️ 독서 습관에 대한 글을 쓰려고 합니다. 이 글을 쓰기 위해서 독서와 관련된 어휘를 찾아봅시다.

독서 습관 관련 어휘	철학자, 세기, 독서량, 조사, 간접 경험, 정보량, 변함없다, 관련되다, 현명하다, 충분하다, 시야가 넓어지다, 시야가 좁다
내가 찾은 어휘	

☑️ 아래 어휘의 의미를 사전에서 찾아보고 독서와 관련된 문장으로 만들어 봅시다.

어휘	철학자
의미	
문장 만들기	
어휘	변함없다
의미	이전과 달라지지 않고 같다.
문장 만들기	예) 호양은 10년 전부터 변함없이 하루에 1시간씩 책을 읽는다.
어휘	현명하다
의미	
문장 만들기	
어휘	경험
의미	
문장 만들기	
어휘	시야가 좁다
의미	
문장 만들기	

✔️ 독서 습관과 관련된 글을 쓸 때 위의 어휘 중에서 골라서 쓰면 됩니다.

3. 목표 표현 고르기

독서의 습관에 대해 유명한 사람들의 말을 인용하면서 글을 쓰려고 합니다. 인용하면서 글을 쓰기 위해서 다음과 같은 내용을 참고하면 좋습니다.

인용은 내가 말하거나 글을 쓸 때 다른 사람의 말이나 글을 가져와서 말하거나 쓰는 것을 말합니다. 인용에는 두 가지가 있습니다. 다른 사람의 말과 글을 직접 가져와서 그대로 쓸 때 사용하는 <u>직접 인용</u>과 다른 사람의 말과 글을 바꾸어서 쓸 때 사용하는 <u>간접 인용</u>이 있습니다.

자신이 원하는 것을 골라서 직접 인용을 써도 되고 간접 인용으로 써도 됩니다. 그러나 보통 글을 쓸 때는 간접 인용으로 쓸 때가 많습니다. 직접 인용을 할 때는 인용한 말이나 글을 강조하고 싶을 때 많이 사용합니다.

	직접 인용	간접 인용
평서형	"글쓰기 수업을 들어요."라고 했다. "글쓰기 수업을 듣는다."라고 말했다. "글쓰기 수업을 듣습니다."라고 했다. "글쓰기 수업을 들을게요."라고 말했다.	친구는 글쓰기 수업을 듣는다고 했다.
의문형	"글쓰기 수업을 들어요?"라고 물었다. "글쓰기 수업을 듣습니까?"라고 했다. "글쓰기 수업을 듣지?"라고 말했다.	친구는 글쓰기 수업을 듣(느)냐고 물었다.
명령형	"글쓰기 수업을 들어."라고 말했다. "글쓰기 수업을 들으세요."라고 했다. "글쓰기 수업을 들어라."라고 명령했다.	친구는 글쓰기 수업을 들으라고 말했다.
청유형	"글쓰기 수업을 듣자."라고 말했다. "글쓰기 수업을 들을까?"라고 권했다.	친구는 글쓰기 수업을 듣자고 권했다/했다.

✅ 아래의 표현은 무슨 인용 표현일까요?

1. (   )

"한국에서 인사할 때 고개를 숙이지 않으면 예의가 없는 거야."라고 말했다.

2. (   )

한국 친구는 처음 본 사람에게 반말을 쓰면 좋아하지 않는다고 말해 주었다.

4. 쓰기 강화

✅ 인용을 할 때 사용하는 표현이 있습니다. 이 표현을 알아두면 글을 쓸 때 매우 편리합니다.

1. ~은/는 ~는다고/이라고 말한다/주장한다/ 밝히다.
보통 '~은/는'을 사용하면 사람, 직업 등이 나온다. 친구, 교수, 전문가 등등을 사용할 수 있다.
예〉 한국 친구는 처음 본 사람에게 반말을 쓰면 좋아하지 않는다고 말해 주었다.

✏️ 위의 표현을 사용해서 글을 써 보십시오.

교수: "다음 주 수요일까지 과제물을 제출하세요."
→

2. ~에 따르면 ~다고/라고 한다.
보통 '~에 따르면'을 사용하면 뉴스, 신문, 조사, 속담, 명언 등을 사용할 때 나오는 경우가 많습니다.
예〉 조사 결과에 따르면 한국 대학교에 외국 유학생이 증가하고 있다고 한다.

✏️ 위의 표현을 사용해서 글을 써 보십시오.

뉴스: "CCTV설치로 강력 범죄를 예방하거나 해결한 사건이 많아지고 있습니다."
→

3. ~에서는 ~다고/라고 한다.
보통 '~에서'을 사용하면 앞에 기관이나 모임, 단체 등이 나오는 경우가 많습니다.
예〉 A대학교에서는 2019년도 입학생을 늘린다고 했다.

✏️ 위의 표현을 사용해서 글을 써 보십시오.

정부: "올해는 경제가 3% 성장할 것입니다."
→

5. 토픽 쓰기

1. 다음을 읽고 (   )에 들어갈 말을 각각 쓰십시오

> 김채희 작가는 학생들이 그냥 책을 읽는 것보다 가끔 독서 관련 대회에 나가는 것이 더 효율적으로 책을 (㉠   ). 그리고 김 작가는 학생들이 대회에 한 번 나가고 나면 크게 성장하게 되며 책을 읽는 것에 더 큰 관심을 (㉡   ). 그렇기 때문에 김 작가는 독서 대회가 열린다면 적극적으로 참여하는 것이 좋다고 말했다.

㉠ :

㉡ :

2. 다음을 참고하여 '국민 독서 실태'에 대한 글을 200~300자로 쓰시오. 단, 글의 제목을 쓰지 마시오.

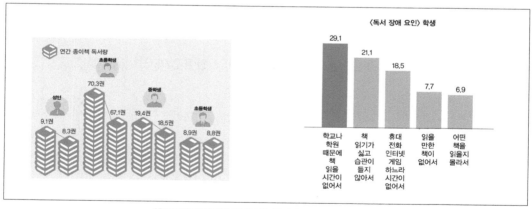

〈출처:문화체육관광부, 2018년 국민독서실태조사〉 성인 6000천명, 초(초등4학년 이상),중.고생 3000명 대상

_____

_____

_____

_____

6. 유학생이 쓴 글

유명한 철학자 데카르트에 따르면 좋은 책을 읽는 것은 몇 세기의 훌륭한 사람들과 이야기를 나누는 것과 같다고 한다. 생각이 깊고 넓은 사람들과 대화를 하는 것은 내가 알지 못하는 것을 알게 된다는 장점이 있을 뿐만 아니라 내가 모르는 것을 더 공부하고자 하는 마음이 생기기도 한다.

한국에 유학을 왔으니까 책을 많이 읽지 못했다. 사실을 말하자면 전혀 읽지 못했다고 말할 수 있다. 유엔(UN)이 조사한 바에 따르면 2015년 한국인의 독서량은 192개국 중 166위며, 성인 10명중 9명은 독서량이 하루 10분도 안된다고 한다. 게다가 어른 4명 중 1명은 1년에 단 한권의 책도 읽지 않는 것으로 나타났다. 책을 읽지 않아도 인터넷으로 충분히 정보를 얻을 수 있다는 **사람들이 많아졌어서 문제다.**

독서는 사람들이 모두 필요하다고 말하며 중요하다고 한다. 그렇다면 독서가 왜 중요한지를 잘 알고 실천하는 것이 필요하다. 우선 독서를 하면 할수록 다양한 어휘를 많이 알게 된다. **한국어로 된 책을 읽는 바람에 한국어를 더 배울 수 있어 좋다.** 또한 자신의 모국어로 된 책을 읽어도 지식이 많이 생겨서 어휘도 많이 알게 된다. 내가 알고 있는 어휘가 많아지면 읽기, 쓰기, 말하기, 듣기 능력이 높아진다. 두 번째는 다른 사람을 이해할 수 있는 능력이 생긴다. 책 속에는 다양한 상황이 나온다. 그 상황에서 문제가 생기면 해결한다. 그래서 책을 읽으면 **다른 사람의 상황을 미리 알 수 있었어서 다른 사람의 마음을 알게 된다.** 마지막으로 다양한 경험을 통해 세상을 보는 시야가 넓어진다. 우리는 살면서 많은 경험을 하지만 세상의 일을 다 경험할 수는 없다. 책을 통해 과거, 현재, 그리고 미래에 관련된 경험을 하면서 다양한 세상을 구경할 수 있다.

독서의 중요성을 아는 것도 중요하지만 실천하는 것이 더 중요하다. 실천을 통해 습관으로 만들면 더욱 좋다. 그래서 독서를 습관화하기 위해서는 우선 내가 좋아하는 책부터 시작하는 것이다. 그리고 **독서를 해서 간단하게 내용을 정리해 두면 쓰기 능력도 좋아질 수 있다.** 독서 계획표를 세워 시간을 정해 놓고 조금씩 읽는 연습부터 시작해도 좋다. 어떤 사람은 책은 가장 조용하고 변함없는 친구이며 가장 쉽게 다가갈 수 있고 가장 현명한 선생님이라고 했다. **친구나 선생님과 비슷한 책을 자주 만나니까 습관을 길러야 생활이 즐거워질 것이다.**

7. 고쳐 쓰기

1. 한국에 유학을 왔으니까 책을 많이 읽지 못했다.

→

2. 책을 읽지 않아도 인터넷으로 충분히 정보를 얻을 수 있다는 사람들이 많아졌어서 문제다.

→

3. 한국어로 된 책을 읽는 바람에 한국어를 더 배울 수 있어 좋다

→

4. 책을 읽으면 다른 사람의 상황을 미리 알 수 있었어서 다른 사람의 마음을 알게 된다.

→

5. 독서를 해서 간단하게 내용을 정리해 두면 쓰기 능력도 좋아질 수 있다.

→

6. 친구나 선생님과 비슷한 책을 자주 만나니까 습관을 길러야 생활이 즐거워질 것이다.

→

8. 고친 글 표현

✅ 독서습관에 대한 글을 쓸 때 필요한 표현을 고릅니다. 아래의 내용을 참고하면 좋습니다.

〈목표 표현 1〉
■ A/V~으니까

의미: 앞의 내용은 주로 말하는 사람의 주관적인 느낌이나 생각을 이유로 나타낸다. 뒤의 내용은 결과를 나타낸다.

※ '-았/었-' 이나 '-겠'을 쓸 수 있다.
예〉 어제 운동을 너무 많이 해서 다리가 아팠으니까 오늘은 쉬어야겠다.
예〉 방학이 되자마자 고향에 가야겠으니까 비행기 표를 빨리 예매해야 한다.

※ 명령문과 청유문이 많이 쓰인다.
예〉 내일이 시험이니까 함께 공부하자.

※글을 쓸 때는 'A/V~으니'를 사용하는 것이 좋다.

〈목표 표현 2〉
■ V~는 바람에

의미: 앞의 내용과 같은 일이 생겨서 뒤의 내용과 같은 결과가 됐다는 것을 나타낸다.

※ 뒤의 내용은 대부분 부정적인 결과가 온다.
예〉 늦잠을 자는 바람에 버스를 놓쳤다.

※ ~는 바람에 앞에는 언제나 동사만 올 수 있다.
예〉 길이 막히는 바람에 지각을 했다.
예〉 언니가 예쁜 바람에 연예인이 되었다. (X)

※ 과거에 일어난 일도 언제나 '~는 바람에'로 쓴다. 시제와 상관없이 쓰고 뒤에 문장은 과거로 쓴다.
예〉 어제 넘어진 바람에 다리를 다쳤다. (X)
　　 어제 넘어지는 바람에 다리를 다쳤다.(O)

9. 내가 쓰는 글

✔️ 개요 짜기 〈독서 습관〉

처음	독서에 대한 유명한 사람들의 말을 인용하여 쓴다. 인용한 말에 대한 나의 생각을 쓴다.
가운데	독서의 중요성을 3가지 정도 쓰고 왜 중요한지 이유를 쓴다.
마무리	독서의 중요성을 강조하며 앞으로 독서가 습관이 될 수 있는 계획을 쓰며 마무리한다.

10. 내가 쓰는 글

✎ 원고지 쓰기 (600~700자)

		아	버	지	는		책	을		가	까	이	하	는		사	람	과		친
구	가		되	라	고		하	시	면	서		독	서	의		중	요	성	에
대	해		귀	에		못	이		박	히	도	록		말	씀	하	셨	다	.

✎ 뒤에 있는 원고지에 글을 쓰십시오.

11. 자기 평가

1. 나는 인용하는 방법을 안다.   네 (   ) 아니오(   )
2. 나는 인용하는 방법으로 글을 쓸 수 있다.   네 (   ) 아니오(   )
3. 나는 나의 독서 생활에 관한 글을 쓸 수 있다. 네 (   ) 아니오(   )

합리적인 소비 생활

[학습목표]

1. 목적을 나타내는 표현으로 글로 쓸 수 있다

2. 인과의 표현을 글로 쓸 수 있다.

3. 주장하는 글을 쓸 수 있다.

07 합리적인 소비 생활

사람은 누구나 경제적으로 풍족한 삶을 살고 싶어 합니다. 그러나 사람마다 능력이 다르듯이 경제력에도 차이가 있습니다. 합리적인 경제 생활을 하기 위해서는 어떻게 하는 것이 좋을까요? 우선 자신의 소비 습관을 생각하고 올바른 소비 습관을 기르는 것이 필요할 것입니다.

이번 주 과제는 〈합리적인 소비 생활〉에 대해서 쓰는 것입니다. 과제물은 다음 주까지 제출하시기 바랍니다. 여러분이 위와 같은 과제물을 받았습니다. 어떻게 써야 할까요? 먼저 합리적인 소비 생활에 대한 자신의 생각을 정리합니다. 그리고 글의 개요를 써 봅시다.

1. 개요짜기

✅ 주제가 정해졌다면 간단하게 개요를 짜 볼 수 있습니다.

처음	소비에 대한 사람들의 인식과 그로 인한 현대인의 소비 현황을 씁니다.
가운데	현대 사회의 소비 습관과 그런 소비로 인한 문제점을 씁니다. 또 자신의 경험과 과소비를 막기 위한 해결 방법을 씁니다.
마무리	과소비의 심각성을 말하고 해결 방법을 강조해서 씁니다.

2. 어휘 고르기

✅ 합리적인 소비 생활에 대한 글을 쓰려고 합니다. 이 글을 쓰기 위해서 관련된 어휘를 찾아봅시다.

합리적인 소비 생활 관련 어휘	소비, 수입, 지출, 적자, 한도, 할부, 신용 카드, 초과하다, 결제하다, 연체되다, 지불하다, 유용하다, 무분별하다
내가 찾은 어휘	

✅ 아래 어휘의 의미를 사전에서 찾아보고 소비 생활과 관련된 문장으로 만들어 봅시다.

어휘	지출
의미	어떤 목적을 위해서 돈을 지급하는 것을 의미한다.
문장 만들기	예〉 이번 달 지출이 수입보다 많았다.
어휘	초과하다
의미	
문장 만들기	
어휘	무분별하다
의미	
문장 만들기	
어휘	한도
의미	
문장 만들기	
어휘	연체되다
의미	
문장 만들기	

✔ 합리적인 소비 생활에 관련된 글을 쓸 때 위의 어휘 중에서 골라서 쓰면 됩니다.

3. 목표 표현 고르기

✅ 합리적인 소비 생활에 대한 글을 쓰려고 합니다. 목적을 표현하기 위해서 어떤 문형이나 표현을 써야 하는지 찾아봅시다.

〈목표 표현1〉 V~으러	이동하는 동작 앞에 그 목적을 나타낸다. ※ '가다, 오다, 다니다, 나오다, 들어가다' 동사만 쓸 수 있다. 예) 한국어를 공부하러 한국에 왔다. (○) ※ 이동 동사와 결합할 수 없다. 예) 고향에 가러 공항에 갔다. (x) ※ 명령문이나 청유문을 쓸 수 있다. 예) 산책을 하러 갑시다. (○) 예) 나를 만나러 오십시오. (○)
〈목표 표현2〉 V~으려고	어떤 일을 할 의도나 목적이 있음을 나타낸다. 예) 밥을 먹으려고 식당에 간다. ※ 뒤에 오는 문장에 미래 시제는 쓰지 않는다. 예) 선물을 사려고 백화점에 간다. (○) 예) 선물을 사려고 백화점에 갈 것이다. (x) ※ 앞과 뒤의 주어가 같아야 한다. 예) 친구가 살을 빼려고 (친구가) 운동을 한다. (○) 예) 엄마가 살을 빼려고 내가 운동을 한다. (x) ※ 뒤 문장은 '~어야 하다'를 쓸 수 없다. 예) 친구와 이야기를 하려고 만난다. (○) 예) 라면을 먹으려고 물을 끓여야 한다. (x) ※ 명령문이나 청유문을 쓸 수 없다. 예) 산책을 하려고 친구를 만납시다. (x) 예) 나를 만나려고 한국에 오십시오. (x)
〈목표 표현 3〉 V~기 위해서	어떤 일을 할 의도나 목적이 있음을 나타낸다. 예) 책을 반납하기 위해서 도서관에 간다. ※ 앞과 뒤의 주어가 같아야 한다. 예) 친구가 살을 빼기 위해서 (친구가) 운동을 한다. (○) 예) 엄마가 살을 빼기 위해서 내가 운동을 한다. (x) ※ 'V~기 위해서' 뒤에 목적 관계가 있어야 한다. 예) 대학교에 입학하려고 했다. (○) 예) 대학에 입학하기 위해서 했다. (x) ※ 앞 동사에 과거를 쓰지 않는다. 예) 밥을 먹기 위해서 친구에게 전화를 했다. (○) 예) 밥을 먹었기 위해서 친구에게 전화를 한다. (×)

4. 쓰기 강화

1) 다음을 문장을 보고 맞으면 ○, 틀리면× 하십시오.

① 옷을 사러 백화점에 갔다.   (   )
② 밥을 먹으러 갑시다.   (   )
③ 살을 빼려고 운동을 한다.   (   )
④ 친구를 만나려고 기숙사에 갈 것이다.   (   )
⑤ 수영을 하려고 수영복을 입어야 한다.   (   )
⑥ 친구와 같이 영화를 보려고 영화관에 오십시오.   (   )
⑦ 나는 친구의 선물을 사기 위해서 친구가 시장에 갔다.   (   )
⑧ 대학교에 합격했기 위해서 열심히 한다.   (   )

2) 목적을 나타내는 표현을 사용해서 글을 써 봅시다.

	목적	지금 하고 있는 일
아르바이트를 하는 이유		
인터넷 쇼핑을 하는 이유		

✔ 내가 아르바이트를 하는 이유는 _____

_____

_____

✔ 내가 인터넷 쇼핑을 하는 이유는 _____

_____

_____

5. 토픽 쓰기

[1~2] 다음을 읽고 (   )에 들어갈 말을 각각 쓰십시오.

1.

> 택배를 보낼 때 가장 신경 써야 할 부분은 받는 사람의 (㉠   ). 왜냐하면 받는 사람이 집을 비우게 될 경우 택배원이 수신인에게 연락을 해 줘야 하기 때문이다. 그리고 (㉡   ) 보내는 사람의 연락처도 쓰는 것이 좋다.

㉠ :

㉡ :

2.

> 인터넷 쇼핑은 매우 편리하다. 집에 앉아서 (㉠   ). 또한, 가격을 비교해서 저렴하게 살 수 있다. 하지만 인터넷 쇼핑은 물건을 받기까지 반나절 이상의 시간이 걸리고, 물건을 직접 확인할 수 없다는 단점이 있다. (㉡   ) 교환이나 반품하는 절차가 복잡한 것도 큰 단점이다. 그래서 인터넷에서 물건을 살 때에는 믿을 만한 곳인지 꼼꼼히 살펴봐야 한다.

㉠ :

㉡ :

6. 유학생이 쓴 글

티끌 모아 태산이라는 말이 있다. 이 속담은 아주 작은 티끌이라도 쌓이고 쌓이면 산만큼 거대해 지는 것처럼 아무리 적은 것이라도 계속 모으면 큰 것을 이룰 수 있다는 뜻이다. 하지만 요즘 사람들은 이 티끌을 무시하는 것 같다. 물건을 소비할 때 보면 알 수 있다. 적은 돈은 가치가 없는 것처럼 대하기 때문이다.

나는 수입의 반 이상을 저축한다. 이러한 이유 때문에 보통은 수입과 지출을 꼼꼼히 살피고 소비한다. 하지만 기분이 안 좋을 때는 무분별하게 돈을 쓴다. 예를 들면 **돈은 없지만 물건을 가러 밖에서 산다.** 필요해서 물건을 사는 것이 아니고 **스트레스를 풀려고 물건을 사야 한다.** 신용카드로 물건을 사서 그 돈을 갚느라 고생한 적도 있다.

합리적인 소비 생활을 하기 위한 방법으로 무엇이 있을까? 무엇보다 수입과 지출의 계획을 세우는 것이 가장 중요하다. 내 수입에서 꼭 써야 할 돈과 쓰면 안 되는 돈으로 구분해야 한다. 이 지출 계획에 따라서 제한적으로 사용하면 좋다. 그리고 저축도 계획 안에 반드시 있어야 한다. 또 쇼핑 전에 살 물건의 목록을 작성하는 것도 도움이 된다. 목록에 없으면 필요하지 않다는 뜻이니까 사고 싶은 마음이 들었을 때 결정하기가 쉽다. 마지막으로 신용카드 대신 체크카드를 사용하는 것이다. 왜냐하면 신용 카드는 자신의 능력에 맞게 필요할 때만 사용하면 유용하지만 잘못 사용하면 과소비할 수 있기 때문이다.

많은 사람들이 스스로 올바른 소비 습관을 가지고 있다고 생각하지만 자세히 생활을 들여다보면 그렇지 않다는 것을 알 수 있다. 그러나 사람은 경제 활동 기간이 정해져 있고 **미래를 대비했기 위해서는 올바른 소비 습관을 길러야 한다. 그러므로 스스로 소비 계획을 세우고 충동구매를 자제해야 한다.** 또한 신용 카드에 의존하는 소비 생활을 버려야 한다.

7. 고쳐 쓰기

1. 돈은 없지만 물건을 가러 밖에서 산다.

→

2. 스트레스를 풀려고 물건을 사야 한다.

→

3. 미래를 대비했기 위해서는 올바른 소비 습관을 길러야 한다.

→

4. 나는 수입의 반 이상을 저축한다. 이러한 이유 때문에 보통은 수입과 지출을 꼼꼼히 살피고 소비한다.

→

5. 올바른 소비 습관을 길러야 한다. 그러므로 스스로 소비 계획을 세우고 충동구매를 자제해야 한다.

→

8. 고친 글 표현

인과란 어떤 결과를 가져오게 한 원인을 분석하거나 원인에 의해서 결과가 생긴 것을 분석하여 설명하는 방법을 말한다.

이때 원인과 결과는 동시에 존재하며 서로 연관성을 갖고 변화한다.

● 이러한 이유 때문에 A/V

예〉 이번 여름에 비가 많이 내렸다. 또한, 기온이 일정하지 않았다.
　　이러한 이유 때문에 채소 수확량이 많지 않다. (○)

예〉 이번 여름에 비가 많이 내렸다. 또한, 기온이 일정하지 않았다.
　　이러한 이유 때문에 채소 수확량이 많다. (×) – 상호 연관성이 없음

또한, 원인이 되는 현상이 시간적으로 먼저 발생해야 한다.

● 왜냐하면 A/V～기 때문이다.

예〉 배가 부르다. 왜냐하면 빵을 다섯 개나 먹었기 때문이다. (○)

예〉 성적이 좋을 것이다. 왜냐하면 이번 학기에 열심히 공부했기 때문이다. (○)

예〉 살이 빠졌다. 왜냐하면 다이어트를 할 계획이 있기 때문이다. (×)

인과 관계에 직접 관계된 원인 이외에 다른 상황이 결과에 영향을 주면 안 된다.

● 그러므로 A/V

● 따라서 A/V

예〉 시험공부를 했다. 그러므로 성적이 좋을 것이다. (○)

예〉 새 옷을 입었다. 그러므로 성적이 좋을 것이다. (×)

예〉 좋은 꿈을 꿨다. 그러므로 성적이 좋을 것이다. (×)

예〉 시험공부를 했다. 따라서 성적이 좋을 것이다. (○)

예〉 새 옷을 입었다. 따라서 성적이 좋을 것이다. (×)

예〉 좋은 꿈을 꿨다. 따라서 성적이 좋을 것이다. (×)

9. 내가 쓰는 글

✅ 개요 짜기 〈합리적인 소비 생활〉

처음	내가 생각하는 합리적인 소비에 대해서 쓴다.
가운데	나는 어떤 소비 습관을 가지고 있는지 쓴다.
	올바른 소비 생활을 하기 위해서 나는 어떤 노력을 해야하는지 쓴다.
마무리	올바른 소비 생활을 해야 하는 이유를 강조한다.

10. 내가 쓰는 글

✏️ 원고지 쓰기 (600~700자)

	옛	말	에		개	같	이		벌	어	서		정	승	같	이		쓴	다
라	는		말	이		있	다	.	이		말	은		돈	을		벌		때
는		열	심	히		돈	을		벌	고		쓸		때	는		보	람	이

✏️ 뒤에 있는 원고지에 글을 완성하십시오.

11. 자기 평가

1. 나는 합리적인 소비 생활에 대한 글을 쓸 수 있다   네 (   ) 아니오(   )
2. 나는 목적을 나타내는 표현을 알고 쓸 수 있다.   네 (   ) 아니오(   )
3. 나는 원인과 결과 표현을 알고 쓸 수 있다.   네 (   ) 아니오(   )

08

음식 문화의
다양성

[학습목표]

1. 음식과 관련된 표현을 이해하고 쓸 수 있다.

2. 나열하기의 방법을 활용하여 글을 쓸 수 있다..

3. 문화의 다양성에 대한 글을 쓸 수 있다.

나라마다 다양한 문화가 존재하고 있습니다. 나라별로 옷, 음식, 생활 방식 등에 있어서 이해가 되지 않는 부분도 있을 것입니다. 그렇다고 해서 다른 나라의 문화를 싫어하거나 나쁘게 생각해서는 안 됩니다. 문화의 다양성이라는 측면에서 각 나라의 문화를 존중하고 이해하려는 노력이 필요합니다.

이번 주 과제는 〈음식 문화의 다양성〉에 대해 쓰는 것입니다. 과제물은 다음 주까지 제출하시기 바랍니다. 여러분은 위와 같은 과제물을 받았습니다. 어떻게 써야 할까요? 먼저 글의 개요를 써야 합니다.

1. 개요짜기

☑ 주제가 정해졌다면 간단하게 개요를 짜 볼 수 있습니다. 개요는 글을 쓰기 전에 '무슨 내용을 쓸 것인가?', '어떤 순서로 쓸 것인가?' 등을 계획하는 것입니다.

처음	내가 알고 있는 각 나라의 대표적인 음식을 소개하고 고향의 음식도 소개합니다.
가운데	• 각 나라 음식의 특징은 무엇입니까? • 내가 이해하지 못했던 음식 문화는 무엇이었습니까?
마무리	음식의 다양성을 통해 문화의 다양성을 인정하는 것이 중요하다는 것을 강조하면서 마무리합니다.

2. 어휘 고르기

☑ 각 나라의 음식에 대한 글을 쓰려고 합니다. 이 글을 쓰기 위해서 음식에 관련된 어휘를 찾아봅시다.

음식 관련 어휘	특징, 재료, 주식, 다양성, 전통적, 식사 예절, 발효 식품, 생산하다, 대표하다, 유명하다, 유익하다, 특이하다, 체질에 맞다, 가치가 있다, 영양이 풍부하다, 이어져 내려오다
내가 찾은 어휘	

☑ 사전에서 아래의 어휘 의미를 찾아 음식과 관련된 문장을 만들어 봅시다.

어휘	대표하다
의미	
문장 만들기	
어휘	다양성
의미	
문장 만들기	
어휘	존중하다
의미	
문장 만들기	
어휘	특이하다
의미	보통 것이나 일반적인 것과 비교해 봤을 때 많이 다르다.
문장 만들기	예〉 우리가 알지 못하는 특이한 음식 문화들이 많이 있다.
어휘	편견
의미	
문장 만들기	

✔ 음식과 관련된 글을 쓸 때 위의 어휘 중에서 골라서 쓰면 됩니다.

3. 목표 표현 고르기

✅ 고향의 음식을 다른 사람에게 소개하거나 추천할 때 열거하기나 나열하기의 방법을
사용하면 좋습니다. 어떤 표현이 있는지 알아봅시다.

열거하기, 나열하기의 표현	열거하기와 나열하기는 어떤 주제에 대해 사실을 늘어놓는 방법으로 서로 비슷하거나 같은 계열의 내용을 순서대로 늘어놓는 것을 말한다. [열거하기, 나열하기의 방법] ① 첫째, 　　둘째, 　　마지막으로 예〉 우리나라 음식의 특징은 다음과 같다. 　　첫째, 밥, 죽처럼 곡물 음식이 발달하였다. 　　둘째, 간장, 된장처럼 발효 음식이 발달하였다. 　　마지막으로, 계절에 따라 다양한 채소를 나물로 먹는다. ② 첫 번째, 　　두 번째, 　　그리고, 예〉 한국의 식사예절을 살펴보면, 　　첫 번째, 숟가락, 젓가락을 한 가지씩만 사용한다. 　　두 번째, 숟가락은 밥을, 젓가락은 반찬을 먹을 때 사용한다. 　　그리고, 밥그릇이나 국그릇을 들고 먹지 않는다. ③ 우선(=먼저), 　　또한, 　　그 다음으로 예〉 빠르게 변화하는 사회에서 우리가 해야 할 일은 　　우선, 다양한 경로로 정보를 얻어야 한다. 　　또한, 그 정보가 확실한 정보인지 확인해야 한다. 　　그 다음으로 확실한 정보를 얻었다면 어디에 사용할 것인지 결정해야 한다.

4. 쓰기 강화

✔️ 열거하기, 나열하기로 글을 쓸 사용하는 표현이 있습니다. 이 표현을 알아두면 글을 쓸 때 매우 편리합니다. 이 표현을 사용하여 연습해 봅시다.

✔ 위의 표현을 사용해서 글을 써 보십시오.

> 1. 첫째,
>
>   둘째,
>
>   마지막으로

한국 음식의 특징은 여러 가지가 있지만 몇 가지로 정리를 해 보면 다음과 같다.
첫째, 고춧가루, 고추장을 많이 사용하기 때문에 음식의 맛이 맵다.
둘째, _____
_____
_____
_____

> 1. 우선(=먼저),
>
>   또한,
>
>   그 다음으로

현대 사회는 하루가 다르게 변화하고 있다. 그리고 예전에 비해 발전 속도도 빨라서 변화의 속도에 맞춰서 살아가기 위해서 필요한 몇 가지가 있다.
우선, 빠르게 변화하는 사회에서는 새로운 정보가 필요하다. 다른 사람과의 경쟁에서 뒤처지지 않기 위해서 다양한 정보를 얻는 것이 중요하다.
또한, _____
_____
_____
_____

5. 토픽 쓰기

1. 다음을 읽고 (   )안에 들어갈 말을 각각 한 문장씩 쓰십시오.

〈경기일보 지역 소식란〉

수원 행궁동 지역 주민 센터에 따르면 이번 달 10일부터 초등학생들을 대상으로 다문화 이해를 돕기 위한 '요리로 배우는 세계' 라는 프로그램을 (㉠   ).

신청기간은 이번 주 월요일부터 일요일까지 일주일간이며, 이 지역 주민 초등학생이면 누구나 (㉡   ). 문화의 다양성을 이해하고 서로 다른 문화에 대해 편견 없이 살아가는 사회를 만들고자 이 프로그램을 만들었다고 합니다.

㉠ :

㉡ :

2.다음을 읽고 (   )안에 들어갈 말을 각각 쓰십시오.

나라마다 건강을 위해 먹는 보양 음식들이 있다. 일본은 보양식으로 장어로 만든 음식이 유명하다. 유럽은 굴을 (㉠   ) 보양 음식을 만들어 먹는다. 더운 여름에 한국 사람들은 영양을 보충하기 위해 삼계탕을 먹는다. 베트남의 보양식으로는 '오골계탕'이 있다. 오골계는 다른 닭에 비해 작지만 영양이 (㉡   ) 많은 사람들이 즐겨먹는 음식이 되었다. 특히 누구나 쉽게 만들어 먹을 수 있다는 장점이 있어 보양식으로 아주 좋은 음식이다.

㉠ :

㉡ :

6. 유학생이 쓴 글

각 나라마다 대표적인 음식들이 있다. 먼저 한국을 대표하는 음식은 김치, 비빔밥, 불고기가 있다. 그 다음으로 중국은 만두, **베트남은 쌀국수가 대표적인 음식이면서, 이탈리아의 파스타, 인도의 카레도 그 나라에서 유명한 음식이다.** 앞으로 각 나라를 대표하는 음식들의 특징으로는 어떤 것이 있는지 알아보고 그 나라의 음식 문화에 대해 살펴보려고 한다. 그리고 마지막으로 음식 문화를 통해 각국의 문화의 다양성을 이해하고자 한다.

첫 번째로 각 나라를 대표하는 음식들의 특징을 살펴보려고 한다. 한국 사람들이 가장 자주 먹는 음식은 김치인데 **김치는 종류가 다양한 뿐만 아니라 지방마다 김치에 들어가는 재료도 조금씩 다르다는 특징이 있다.** 또한 발효식품이라 건강에도 좋다. 베트남은 세계에서 쌀을 가장 많이 생산하는 나라로 쌀로 만든 음식들이 많다. 그 중에서도 특히 쌀국수가 유명하다. 아시아에서 쌀을 주식으로 하는 음식들이 발달되어 왔다면 유럽에서는 밀가루로 만든 음식들이 발달되었다. 예를 들어 이탈리아는 파스타가 유명한데, 파스타 면의 모양에 따라 **이름도 모두 달랐을 뿐만 아니라 종류도 수십, 수백 가지가 있다.**

두 번째로 각 나라들의 음식과 관련된 문화에 대해 살펴보면, 우선 한국은 옛날부터 식사 예절을 굉장히 중요하게 생각했다. 어른이 먼저 드실 때까지 기다려야 하고 **식사할 때 음식을 씹을 뿐만 아니라 말을 하지 않아야 한다.** 그리고 한국에서는 절대로 밥그릇을 들고 먹어서는 안 된다. 하지만 중국과 일본은 밥그릇을 들고 먹는 문화가 있다. 또, 모든 나라는 식사할 때 사용하는 식사 도구가 있다. **한국, 중국, 일본은 숟가락과 젓가락이 있기 때문에, 미국, 유럽은 포크와 나이프를 사용한다.** 하지만 인도, 네팔에서는 손을 사용하여 식사를 한다.

지금까지 살펴봤듯이 각 나라는 음식의 종류도 다양하지만 나라마다 전통적으로 이어져 내려오는 음식 문화가 있다. **음식은 한 나라의 문화이면, 그 나라의 역사이기도 하다.** 각 나라의 기후와 사람들의 체질에 맞게 **영양이 풍부하는 데다가 건강에도 좋은 재료들로 음식이 발전해 왔다.** 이런 음식들은 각 나라의 식생활 문화를 나타내는 특징들이기 때문에 특이하고 이상하다는 편견을 버리고 그 나라의 음식과 음식 문화를 존중하는 생각을 가지는 것, 문화의 다양성에 대해 이해하는 것이 중요하다. 나라마다 대표적인 음식을 먹어보고 그 음식에 대해 알아보는 것도 그 나라를 이해하는 데 도움이 될 수 있을 것이라고 생각한다.

7. 고쳐 쓰기

1. 베트남은 쌀국수가 대표적인 음식이면서, 이탈리아의 파스타, 인도의 카레도 그 나라에서 유명한 음식이다.

→

2. 김치는 종류가 다양한 뿐만 아니라 지방마다 김치에 들어가는 재료도 조금씩 다르다는 특징이 있다.

→

3. 이름도 모두 달랐을 뿐만 아니라 종류도 수십, 수백 가지가 있다.

→

4. 식사할 때 음식을 씹을 뿐만 아니라 말을 하지 않아야 한다.

→

5. 한국, 중국, 일본은 숟가락과 젓가락이 있기 때문에, 미국, 유럽은 포크와 나이프를 사용한다.

→

6. 음식은 한 나라의 문화이면, 그 나라의 역사이기도 하다.

→

7. 영양이 풍부하는 데다가 건강에도 좋은 재료들로 음식이 발전해 왔다.

→

8. 고친 글 표현

〈목표 표현 1〉
A/V~을 뿐만 아니라

의미: 앞의 일에 대해 뒤의 일까지 더해서 나타낼 때 사용한다.
예〉 여기는 경치가 좋을 뿐만 아니라 음식도 맛있다.
예〉 그 사람은 잘 생겼을 뿐만 아니라 성격도 좋다.

※ 앞 문장과 뒷 문장의 주어, 긍정-부정적 표현이 일치해야 한다.
예〉 그 식당은 음식이 맛있을 뿐만 아니라 값이 비싸다. (X)
※ 앞 문장에는 '았/었' '겠'을 쓰지 않는다.
※ 뒷 문장은 대부분 평서문이 온다. 명령문, 청유문은 오지 않는다.

〈목표 표현 2〉
A/V~은/는 데다가

의미: 현재의 상태나 사실과 관련된 내용이 더해지는 것을 나타낼 때 사용한다.
예〉 요즘 일이 많은 데다가 시험 준비도 해야 해서 더 힘들다.
예〉 밥을 많이 먹은 데다가 움직이지 않아서 소화가 안 된다.

※ 앞 문장과 뒷 문장의 주어가 같아야 한다.
예〉 언니는 예쁜 데다가 동생은 귀엽기도 하다. (X)
※ 앞 문장과 뒷 문장의 목적어에는 조사 '도', '까지', '조차' 등이 올 수 있다.
예〉 이곳은 공기도 좋은 데다가 경치까지도 아름답다.
※ 앞 문장에는 '았/었', '겠'을 쓰지 않는다.
※ 뒷 문장에는 대부분 평서문이 온다. 명령문, 청유문은 오지 않는다.
※ 구어에서 자주 사용한다.

〈목표 표현 3〉
A/V~으며

의미: ① 둘 이상의 비슷한 사실을 시간의 순서와 상관없이 나열함을 나타낸다.
예〉 오늘은 날씨가 맑으며 따뜻하겠습니다.
예〉 내 친구는 공부도 잘하며 성격도 좋다.
※ 문어에서 자주 사용한다.
※ 앞 문장과 뒷 문장의 내용을 바꾸어도 의미가 변하지 않는다.
※ 명사일 때는 '이며'로 쓴다.

의미: ② 동사에서 사용하고, 둘 이상의 행동이 동시에 일어나는 것을 나타낸다.
예〉 그 사람은 음식을 먹으며 이야기한다.
※ 앞 문장과 뒷 문장의 주어가 같아야 하고 뒷 문장의 주어는 보통 생략한다.
※ 동사를 사용할 때는 앞 문장에 '았/었', '겠'을 쓰지 않는다.

9. 내가 쓰는 글

✅ 개요 짜기 〈음식 문화의 다양성〉

처음	각 나라의 대표적인 음식을 열거하거나 나열하여 설명한다.
가운데	나라별 음식의 특징을 설명한다. 나라별로 특이한 음식문화에 대해 찾아보고 쓴다.
마무리	음식 문화뿐만 아니라 각 나라의 다양한 문화를 존중해야 한다는 것을 강조하면서 마무리한다.

10. 내가 쓰는 글

✏️ 원고지 쓰기 (600~700자)

	그		나	라	에		가	면		그		나	라		음	식	을		먹
어	야		한	다	는		말	처	럼		한		나	라	를		대	표	하
는		음	식	들	이		있	다	.	각		나	라	마	다		음	식	에

✏️ 뒤에 있는 원고지에 글을 쓰십시오.

11. 자기 평가

1. 나는 음식 문화와 관련된 내용을 찾을 수 있다.　　　　네 (　) 아니오 (　)
2. 나는 나열하기, 열거하기의 방법을 잘 알고 쓸 수 있다.　네 (　) 아니오 (　)
3. 나는 문화의 다양성에 관한 글을 쓸 수 있다.　　　　　네 (　) 아니오 (　)

09

실수와 실패를 인정하는 사회

[학습목표]

1. 실수나 실패에 대한 경험과 생각을 글로 쓸 수 있다.

2. 가정 표현을 사용해서 글로 쓸 수 있다.

3. 주장하는 글을 쓸 수 있다.

09 실수와 실패를 인정하는 사회

여러분은 살면서 얼마나 많은 실수와 실패를 경험했습니까? 아마 실수와 실패를 경험하지 않는 사람은 없을 것입니다. 많은 사람들이 실수와 실패를 하지만 실수나 실패에 대한 생각은 사람마다 다릅니다. 자신의 실수나 실패를 기억해 보고 나는 실수나 실패를 했을 때 어떻게 행동했는지를 생각해 봅시다.

이번 주 과제는 〈실수나 실패에 대한 경험과 생각〉입니다. 실수나 실패했을 때의 경험과 그것에 대한 여러분의 생각을 써 오는 것입니다. 과제물은 다음 주까지 제출하시기 바랍니다. 여러분은 위와 같은 과제물을 받았습니다. 어떻게 써야 할까요? 먼저 글의 개요를 써야 합니다.

1. 개요짜기

✅ 주제가 정해졌다면 간단하게 개요를 짜 볼 수 있습니다.

처음	실수나 실패는 어떤 사람이 하는지 씁니다. 실수나 실패에 대한 일반적인 사람들의 생각을 씁니다.
가운데	여러분이 예전에 한 실수나 실패의 경험을 씁니다. 또는 유명한 사람들의 실수나 실패의 경험을 조사해서 씁니다. 실수나 실패했을 때의 장점과 단점을 씁니다.
마무리	실수나 실패의 장점을 다시 정리하고 세상 사람들이 실수나 실패에 대한 생각이 긍정적으로 바뀔 수 있도록 주장하면서 마무리합니다.

116

2. 어휘 고르기

✅ 실수나 실패에 대한 글을 쓰려고 합니다. 이 글을 쓰기 위해서 실수나 실패에 관련된 어휘를 찾아봅시다.

실수, 실패에 대한 어휘	실수, 실패, 성공, 의지, 후회, 관점, 긍정적, 부정적, 개선하다, 이루어지다, 변화하다, 바꾸다, 전환하다, 극복하다, 이겨내다, 시도하다, 좌절하다, 완벽하다, 두렵다
내가 찾은 어휘	

✅ 실수와 실패에 관련된 어휘 중에서 아래 어휘를 찾고 문장을 만들어 봅시다.

어휘	완벽하다
의미	부족하거나 문제가 있지 않고 필요한 것이 모두 갖추어져 있다.
문장 만들기	예〉 세상에 완벽한 사람은 없다.
어휘	시도하다
의미	
문장 만들기	
어휘	긍정적
의미	
문장 만들기	
어휘	좌절하다
의미	
문장 만들기	
어휘	극복하다
의미	
문장 만들기	

✔ 실수나 실패에 관련된 글을 쓸 때 위의 어휘 중에서 골라서 쓰면 됩니다.

3. 목표 표현 고르기

✅ 실수와 실패에 대한 글을 쓰려고 합니다. 실수와 실패에 대한 글을 쓰려면 어떤 문형이나 표현을 써야 하는지 찾아봅시다.

가정할 때의 표현	• 앞의 내용을 가정하거나 인정하지만 뒤의 내용과는 관계가 없거나 영향을 주지 않을 때 많이 쓰는 표현이다. 1. A/V ~음에도 예〉 노력했음에도 이번에 실패하고 말았다. 2. A/V ~더라도 예〉 실패하더라도 실패에 대해 두려워하지 않아야 한다. • 불확실하거나 아직 이루어지지 않은 사실을 가정할 때 사용하는 표현이다. '~는다면'의 과거의 형태(-았/었다면)가 오면 이미 일어난 과거의 일과 반대되는 내용을 가정할 때 사용한다. 또 현실이 그렇게 되기를 바랄 때 사용한다. 3. A/V ~는다면 예〉 실수를 한다면 빨리 잊는 것이 좋다. 4. A/V ~었다면 예〉 이번에 실패를 했다면 다음번에 똑같은 실패를 하지 않도록 노력하면 된다.
주장할 때의 표현	• 내 생각을 강하게 말하고 싶거나 주장할 때 많이 쓰는 표현이다. 1. A/V ~어야 한다. 예〉 실패하더라도 실패를 인정해야 한다. 2. N이/가 필요하다. A/V ~을 필요가 있다. 예〉 실수나 실패를 해도 그대로 받아들일 필요가 있다. 3. V/A ~는다고 생각한다. N이라고 생각한다. 예〉 실수는 나쁜 것이 아니라 또 다른 기회라고 생각한다.

4. 쓰기 강화

✏️ 가정하기 표현을 사용해서 글을 써 봅시다

한국 대학을 다니면서 힘든 점 3가지
1. 유학생은 한국 대학에서 학점을 따기가 어렵더라도 열심히 공부해야 한다.
2.
3.

　유학생들이 다른 나라에서 공부하는 것은 쉽지 않다. 유학생은 한국 대학에서 학점을 따기가 어렵더라도 열심히 공부해야 한다. 또_____

_____

_____

✏️ 주장하기 표현을 사용해서 글을 써 봅시다.

다른 나라의 문화를 어떻게 봐야 할까?
1. 다른 나라의 문화가 아무리 이상해도 우선은 인정해야 한다.
2.
3.

　다른 나라에서 공부를 하거나 여행을 하게 되면 놀라는 일이 생긴다. 나라마다 생활 방식과 문화가 다르기 때문이다. 그럴 때 우리는 어떻게 해야 되는가?

_____

_____

_____

5. 토픽 쓰기

1. 다음을 읽고 (   )안에 들어갈 말을 각각 쓰십시오.

> ### 안내문
>
> 여기는 쓰레기를 버리는 곳이 아닙니다. 여러 사람들이 이곳에 쓰레기를 버리는 탓에 이곳이 매우 (㉠   ). 생활 쓰레기는 종량제 봉투, 재활용품은 투명 봉투에 담아 해가 진 후 집 앞에 배출해 주시기 바랍니다. 여기에 (㉡   ) 벌금이 50만원입니다. 작은 실수가 남과 나에게 피해를 줄 수 있습니다. 실수라도 쓰레기를 버리지 마십시오. 깨끗한 동네가 될 수 있도록 협조해 주시기 바랍니다.

㉠ :

㉡ :

2. 다음을 읽고 (   )안에 들어갈 말을 각각 한 문장씩 쓰십시오.

> 실패는 성공의 어머니라는 말이 있다. 실패를 해도 포기하는 것이 아니라 다시 도전해야 성공할 수 있다는 말이다. 사람은 완벽하지 않다. 누구나 (㉠   ). 실패를 두려워하지 말고 실패를 통해서 배우고 앞으로 나아가도록 노력하는 것이 더 중요하다. 다시 말해서 실패를 인정하고 해결하려는 (㉡   ).

㉠ :

㉡ :

6. 유학생이 쓴 글

세상에 완벽한 사람은 없다. 사람들은 실수를 할 수 있다. 그런데 보통 사람들은 실수를 하는 것을 두려워한다. 그러면 실수를 하지 않으려고 아무것도 하지 않아야 하는가? 특히 유학생들은 언어와 문화가 달라서 실수를 많이 한다. 그 중에서도 말실수가 많은 편이다. 실수할 때 창피함을 느끼지만 그것을 극복해야 한다.

내가 한 말실수 경험은 방학 때 충주에 있는 친구를 만나려고 터미널에서 버스표를 샀는데 '충주'라고 말했는데 직원은 '청주'표를 주었고 차를 타려고 확인하다가 충주가 아니라는 것을 알았을 때 당황했다. 다시 보지 않는다면 청주로 갈 뻔했다. 청주로 갔다면 나는 친구를 **못 만났다.** 그런데 충주 버스는 이미 매진되어서 그날 갈 수가 없었다. 만약 내가 **발음을 좋다면** 친구를 빨리 **만난다.** 또 표를 빨리 확인했다면 시간을 아낄 수 있었을 것이다. 그 이후 발음을 정확히 하려고 노력하고 있다.

실수를 했을 때 단점은 첫째, 기분이 안 좋다는 것이다. 자신에게 화가 나고 창피하고 당황하게 된다. 둘째 시간과 돈이 낭비될 수 있다. 셋째, **실수한 자신을 보고 좌절하게 된다. 스트레스가 생긴다. 같은 일을 할 때 망설이게 된다.** 하지만 장점도 있다. 첫째, 실수를 통해서 무엇을 할지, 하지 말아야 할지 배우게 된다. 둘째, 같은 실수를 하지 않으려고 노력하고 준비해서 내가 더 발전할 수 있다. 셋째, 실수의 경험은 다른 일을 할 수 있는 기회가 될 수 있다. 성공하면 다른 일을 하지 않겠지만 실수를 하면 다른 방법으로 또는 다른 계획을 세워서 다시 하기 때문이다.

가장 중요한 것은 실수에 대해 너무 두려워하지 **않는다.** 또 누구나 실수를 할 수 있다는 것을 인정할 **필요이다.** 이것을 인정하면 마음이 편안해진다. **실수가 나쁜 것이 아니다. 실수가 두렵다. 그래서 다시 시도하지 않는 것이 더 나쁘다.** 사람들은 실수에 대해 단점만 보지 않아야 한다. 실수는 나를 더 좋은 사람으로 만들고, 다양한 경험을 할 수 있게 해 주기 때문에 실수에 대해 긍정적으로 생각하는 것이 필요하다.

7. 고쳐 쓰기

✔ [1-3] 다음은 문장은 너무 짧거나 깁니다. 한 문장 또는 여러 문장으로 고치십시오.

1. 실수한 자신을 보고 좌절하게 된다. 스트레스가 생긴다. 같은 일을 할 때 망설이게 된다.
   →

2. 실수가 나쁜 것이 아니다. 실수가 두렵다. 그래서 다시 시도하지 않는 것이 더 나쁘다.
   →

3. 내가 한 말실수 경험은 방학 때 충주에 있는 친구를 만나려고 터미널에서 버스표를 샀는데 '충주'라고 말했는데 직원은 '청주'표를 주었고 차를 타려고 확인하다가 충주가 아니라는 것을 알았을 때 당황했다.
   →

✔ [4-9] 다음 문장에서 틀린 곳을 맞게 고치십시오.

4. 다시 보지 않다면 청주로 갈 뻔 했다.
   →

5. 청주로 갔다면 나는 친구를 못 만났다.
   →

6. 만약 내가 발음을 좋다면 친구를 빨리 만난다.
   →

7. 가장 중요한 것은 실수에 대해 너무 두려워하지 않는다.
   →

8. 누구나 실수를 할 수 있다는 것을 인정할 필요이다.
   →

8. 고친 글 표현

글을 쓸 때 너무 짧게 쓰거나 너무 길게 써도 좋지 않다. 특히 토픽 쓰기에서는 감점이 되는 요인이다. 짧은 문장이 여러 개 있을 때에는 몇 개의 문장을 연결해서 한 문장으로 만드는 것이 좋다. 마찬가지로 한 문장이 3줄에서 5줄 정도로 길 경우에는 두 문장이나 세 문장으로 나누는 것이 좋다.

1. 문장 연결하기
예〉살을 빼려고 한다. 식이요법이 필요하다. 또 운동을 꾸준히 해야 한다.
　　→ 살을 빼려면 식이요법이 필요하고 운동을 꾸준히 해야 한다.

2. 문장 나누기
예〉한국의 제주도는 매우 유명한데 세계자연유산을 보유한 국제자유도시로서 드라마 촬영지로도 유명하고 신선한 귤과 한라봉을 먹을 수 있는 곳이고 바다가 아름답다.
　　→ 한국의 제주도는 세계자연유산을 보유한 국제자유도시로서 드라마 촬영지로 유명하다. 또 신선한 귤과 한라봉을 먹을 수 있고 바다가 아름다운 곳이다.

한국어는 같이 써야 어울리는 표현들이 있는데 이것을 호응이라고 한다. 정확한 문장을 쓰려면 호응을 잘 알아야 한다.

1. N은 A/V ~는 것이다.
예〉내 친구의 장점은 착하다는 것이다.
　　도서관을 이용할 때 주의할 것은 조용히 해야 한다는 것이다.

2. A/V ~는다면 A/V ~을 것이다.
A/V ~었다면 A/V ~었을 것이다.
예〉1등을 한다면 친구들에게 맛있는 음식을 사 줄 것이다.
　　한국어를 잘 했다면 실수는 하지 않았을 것이다.

3. A/V ~어도 A/V ~을 것이다./ A/V ~다. / A/V ~어야 한다.
예〉우리 과에서는 비가 와도 단체 여행을 갈 것이다.
　　실패를 해도 괜찮다.
　　사람은 바빠도 잠을 자야 한다.

9. 내가 쓰는 글

✅ 개요 짜기 〈실패를 인정하는 사회〉

(예) 대학 입시에 실패한 경험, 자격증 시험/운전면허에 실패한 경험 등)

처음	실패에 대한 사람들의 일반적인 생각을 쓴다.
가운데	실패에 대한 경험을 쓴다. 실패를 하고 극복한 자신의 예나 다른 사람의 예를 쓴다. 또는 자신이 실패하고 나서 어떻게 행동했는지 쓴다.
	실패했을 때의 장점과 단점을 쓴다.
마무리	실패가 주는 장점을 다시 정리하고 사람들이 실패에 대한 생각을 바꾸고 긍정적으로 생각하면 좋겠다는 생각을 써서 마무리한다.

10. 내가 쓰는 글

✏️ 원고지 쓰기 (600~700자)

	실	패	에		대	해		어	떻	게		생	각	하	는	가	?		보
통		사	람	들	은		실	패	를		두	려	워	하	고		무	서	워
해	서		실	패	를		안		하	고		싶	어	한	다	.			

✏️ 뒤에 있는 원고지에 글을 쓰십시오.

11. 자기 평가

1. 나는 실패나 실수에 대해 주장하는 글을 쓸 수 있다.   네 (   ) 아니오 (   )
2. 나는 가정 표현을 정확히 알고 쓸 수 있다.   네 (   ) 아니오 (   )
3. 나는 문장의 길이를 조절할 수 있다   네 (   ) 아니오 (   )

10

대중문화 감상

[학습목표]

1. 묘사하기 방법을 알고 글을 쓸 수 있다.

2. 요약하기 규칙을 알고 사용할 수 있다.

3. 감상문을 쓸 수 있다.

한류의 영향으로 한국 유학을 선택하는 학생들이 많아지고 있습니다. 한국의 드라마, K-POP은 한국 유학의 꿈을 키우는 중요한 동기가 되고 있다고 합니다. 여러분은 유학을 오기 전에 혹은 유학을 와서 경험했던 한국의 대중문화가 있습니까? 그것은 무엇이었습니까? 왜 그것을 좋아하게 되었습니까?

이번 주 과제는 한국의 대중문화 중에서 인상 깊었던 것을 골라 보고 〈한국의 대중문화 감상〉에 대해 쓰는 것입니다. 과제물은 다음 주까지 제출하시기 바랍니다. 여러분이 위와 같은 과제물을 받았습니다. 어떻게 써야 할까요? 먼저 글의 개요를 써야 합니다.

1. 개요짜기

✔ 주제가 정해졌다면 간단하게 개요를 짜 볼 수 있습니다. 개요는 글을 쓰기 전에 '무슨 내용을 쓸 것인가?', '어떤 순서로 쓸 것인가?' 등을 계획하는 것입니다.

처음	대중문화가 무엇인지를 쓰고 한국의 대중문화에 대해 알고 있는 것을 간략하게 씁니다.
가운데	작품 속에서 인상 깊었던 부분을 쓰고 왜 그러한 느낌을 받았는지 씁니다. 어떤 부분에 초점을 두고 감상을 했는지에 대해 씁니다.
마무리	대중문화를 잘 이해하기 위해 어떤 자세를 갖는 것이 좋은지를 쓰면서 정리합니다.

2. 어휘 고르기

☑ 한국의 대중문화에 대한 글을 쓰려고 합니다. 이 글을 쓰기 위해서 관련된 어휘를 찾아봅시다.

대중문화 감상 관련 어휘	대중문화, 한류, 협력, 관심, 콘텐츠(contents) 이어지다, 채택하다, 교류하다, 반영하다, 추진하다, 유입되다
내가 찾은 어휘	

☑ 대중문화에 관련된 어휘 중에서 아래의 어휘를 찾고 문장을 만들어 봅시다.

어휘	대중문화
의미	
문장 만들기	
어휘	채택하다
의미	
문장 만들기	
어휘	교류하다
의미	일정한 생각이나 문화, 경제 활동 등을 서로 주고받다.
문장 만들기	예) 오래전부터 한국은 중국과 문화적으로 교류해 왔다.
어휘	추진하다
의미	
문장 만들기	
어휘	유입되다
의미	
문장 만들기	

✔ 대중문화와 관련된 글을 쓸 때 위의 어휘 중에서 골라서 쓰면 됩니다.

3. 목표 표현 고르기

<묘사하기>

묘사는 어떤 대상이나 사물, 현상을 언어로 서술하여 표현하는 방법을 의미하며, 어느 한 순간에 눈에 보이는 것을 그대로 자세히 설명하는 것을 말한다.

1. 인물을 묘사하기에 필요한 어휘

외모	옷차림
체격: 마르다, 보통 체격, 뚱뚱하다 　　　어깨가 좁다, 어깨가 넓다 얼굴: (얼굴이) 둥글다, 길다, 　　　얼굴에 각이 있다 머리 모양: 길다, 짧다, 머리를 묶다 　　　　　　파마를 하다, 염색하다 눈: 쌍꺼풀이 있다/없다 　　쌍꺼풀이 짙다/옅다 　　눈이 올라가다/쳐지다 코: (코가) 오똑하다, 납작하다	색: 빨간색, 주황색, 노란색, 초록색, 　　파란색, 남색, 보라색 무늬: 꽃무늬, 체크무늬, 세로줄무늬, 가로줄무늬, 하 　　　트무늬, 물방울무늬 상의: 셔츠, 카디건, 니트, 셔츠, 재킷 하의: 청바지, 면바지, 치마, 원피스 액세서리(귀걸이, 목걸이, 반지) 귀걸이를 하다(걸다) 반지를 끼다 넥타이를 하다(매다) 안경을 쓰다, 선글라스를 쓰다(끼다) 모자를 쓰다 시계를 차다

	〈보기〉
	짧은 머리에 얼굴은 긴 편입니다. 이마는 넓고 코는 오똑합니다. 양복을 입었고 나비넥타이를 했습니다. 장갑을 꼈습니다. 마치 모델 같습니다.
	_____ _____ _____ _____

2. 인물을 묘사하기에 필요한 목표 표현 연습

♣ 마치 N같다

> • 마이클 씨는 마치 한국사람 같다.
> • 동생 얼굴은 마치 인형 같다.
> • 머릿결이 마치 비단 같다.

1) 동생은 물속에서 마치 _____ 같다.

2) 왕타오 씨는 노래방에서 마치 _____ 같다.

3) 그 아이는 _____ 아서/어서 마치 _____ 같다.

4) 선생님은 성격이 _____ 아서/어서 마치 _____ 같다.

5) 여자 친구의 눈은 _____ 아서/어서 마치 _____ 같다.

♣ A-아/어 보이다

> • 구두를 신어서 키가 커 보인다.
> • 검은색 안경을 썼는데 똑똑해 보였다.
> • 율리아가 남자친구를 만나서 행복해 보인다.

1) 시험에 합격한 마이클	
2) 여자 친구와 헤어진 마이클	예) 여자 친구와 헤어진 마이클은 많이 슬퍼 보였다.
3) 짐을 한꺼번에 5개 들고 있는 마이클	
4) 세로줄 무늬 옷을 입은 마이클	

4. 쓰기 강화

< 요약하기 >

1) 요약이란
- 글에 들어있는 중심 내용을 찾아 정리하는 활동이다.
- 글에 제시된 정보를 바탕으로 글의 주제를 찾는 활동이다.
- 글 전체의 의미와 짜임을 한 눈에 알아볼 수 있도록 내용을 줄이는 활동이다.
- 중심 내용만을 찾아 문장이나 문단으로 만드는 활동이다.

> 요약은 글을 읽거나 다양한 매체를 본 후에 문장을 정리하여 중심 내용을 정리하는 것을 말한다. 즉, 읽거나 본 것을 정확히 이해하여 완성된 글로 줄이는 것이다. 읽거나 본 후에 어떤 내용이 중요한지, 무엇을 말하는 내용인지 알아내지 못한다면 읽거나 보는 의미가 없어질 것이다.

2) 요약은 왜 하는가?
- 글의 내용과 구조를 분석하고 종합해서 이해하는 활동을 통해 중요 정보를 쉽게 기억하고 내용을 깊게 이해할 수 있기 때문이다.

3) 요약하기 방법
- 읽거나 본 후에 중요한 정보와 중요하지 않은 정보를 구별하는 능력은 '요약하기'와 직접적인 관련이 있다. 따라서 요약하기의 연습을 계속하다 보면 중심내용을 정확하게 찾을 수 있는 능력이 생긴다. 읽거나 본 후에 내용을 정확하게 이해한 뒤 자신의 생각을 정리하여 자신의 언어로 내용을 다시 생각하여 쓰면 된다.
  요약하기를 잘 하기 위해서는 요약 규칙과 요약 과정에 대한 이해 및 좋은 요약문이 갖추어야 할 요건을 알아야 한다.

<문단 요약하기>

삭제하기	중요하지 않거나 반복되는 내용은 지운다.
선택하기	한 단락에서 중심 내용이 분명하게 나타난 문장을 선택한다.
일반화화기	구제척인 개념이나 세부 정보를 나타내는 단어들이 여러 개일 경우, 그것을 포함하는 한 단어로 바꾼다.
재구성하기	중심 문장이 분명하지 않은 경우, 그 단락의 주요 내용들을 바탕으로 중심 내용을 다시 구성해서 쓴다.

4). 요약 연습

(1) 삭제하기

정원에서 장미꽃을 키운다. 정원에서 키우는 장미꽃은 하얀 색이다. 정원에서 키우는 하얀 장미꽃은 가시가 없다.

정원에서 장미꽃을 키운다.
~~정원에서 키우는 장미꽃은 하얀 색이다.~~
~~정원에서 키우는 하얀 장미꽃은 가시가 없다.~~
→ 정원에서 키우는 하얀 장미꽃은 가시가 없다.

(2) 삭제하기 연습

동대문은 뛰어난 건축 기술을 잘 보여 주는 문화재이다. 동대문의 원래 이름은 흥인지문이다. 조선시대의 건축 기술의 우수성뿐만 아니라 한국인의 강인함을 잘 나타낸 훌륭한 문화재이다. 그래서 보물 제1호로 정해서 보호하고 있다.

→

(3) 선택하기

은빛으로 빛나는 강처럼 보인다고 해서 붙은 은하수는 나라마다 다른 이름으로 불린다. 한국에서는 은하수 속에 용이 살았다고 하여 용이라는 뜻의 '미르'와 강을 뜻하는 한국어로 '내'를 합해 '미리내'라고 불렀고, 중국에서는 은한(銀漢), 은하(銀河), 은하수(銀河水)라고 쓴다. 모두 '은빛으로 빛나는 강'이란 뜻이다. 일본에서도 은하 혹은 하늘의 강이란 의미로 '아마노 가와(天の川)'라 부른다.

→ 은하수는 은색으로 빛나는 강이라는 뜻으로 나라마다 다른 이름으로 불린다. 한국은 '미리내', 중국은 '은한', 일본은 '아마노 가와'다.

(4) 선택하기 연습

한류는 한국에서 제작된 영화, 방송, 음악, 패션 등이 해외에서 인기리에 소비되는 문화적 현상을 의미한다. 넓은 의미로는 의·식·주 등 한국 문화 전체를 말하기도 하지만, 한국 대중문화 콘텐츠의 해외 소비를 말하기도 한다. TV드라마의 인기에서 시작된 한국 대중문화의 해외진출은 대중음악, 게임 등으로 확산되고 있다.

→

5. 토픽 쓰기

1. 다음을 읽고 ㉠과 ㉡에 들어갈 말을 각각 쓰십시오.

> 책을 읽으면서 간단하게 메모를 해 두면 시간이 지난 후에도 책에 대한 감상을 쉽게 (㉠).
> 또한 책 속에 나오는 인물과 인상 깊은 장면, 기억에 남는 말과 행동을 나누어 (㉡)
> 감상문을 쓸 때 전체 내용을 기억하는 데 도움이 됩니다.

㉠ :

㉡ :

2. 다음을 참고하여 '지역별 한류 동호회 현황'에 대한 글을 200~300자로 쓰시오. 단, 글의 제목을 쓰지 마시오.

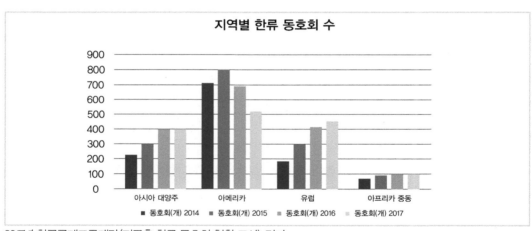

2017년 한국국제교류재단〈지구촌 한류 동호회 현황 조사〉 결과

_____

_____

_____

_____

6. 유학생이 쓴 글

대중문화는 특정 사회나 계층을 넘어 대중이 공통으로 쉽게 접하고 즐길 수 있는 문화로 가요, 드라마, 영화 등이 있다. 한국 드라마 '별에서 온 그대'는 중국에서 매우 인기가 있었던 드라마였지만 나는 보지 않았었다. **내용이 신기할 뿐만 아니라 남자 주인공이 매력만 있어서 시청률이 높았다.** 남자 주인공에 관한 어떤 것이든 모아두었던 친구가 있었지만 나는 관심이 없었다. 그러다가 한국으로 유학을 결정하고 나서 **한국 문화에 대한 관심마저 생겨서** 이 드라마를 보게 되었다. **한국의 대중문화에 관심조차 생겨서 본 것은 이 드라마가 처음이다.**

이 드라마는 지구에서 멀리 떨어진 어느 별에서 도민준이라는 사람이 지구로 오면서 시작된다. 그때 한 소녀를 만나고 그 소녀를 초능력으로 구해주었다. 그런데 그 소녀는 나중에 도민준을 구해주다가 죽었다. 그로부터 400년이 지난 현재, 그 소녀와 닮은 여자를 보게 된다. 그 사람이 여자 주인공 천송이다. 다양한 사건이 일어나면서 도민준과 천송이는 서로 사랑을 하지만 도민준은 자기별로 돌아가야 된다. 그렇지 않으면 도민준은 죽는다. 선택의 과정에서 죽음을 넘는 사랑이 존재한다는 것을 알게 되었다. 결국 도민준은 떠났고 천송이는 지구에 살면서 서로를 그리워하지만 방법이 없었다. 그러나 지구로 잠깐 올 수 있는 길을 찾은 도민준은 아주 잠시 동안 천송이의 곁에 머물면서 행복한 시간을 보낸다. 행복한 결말은 아니지만 서로를 그리워하면서 생활한다는 이야기로 끝이 난다. **드라마를 보면서 울기도 하고 웃기마저 하면서** 정말 즐거운 시간을 보냈다. **친구들이 드라마에 빠져서 정신밖에 못 차리겠다고** 한 말을 이해할 것 같다.

드라마를 보면서 나는 사랑이 무엇일까 생각해 보았다. 나의 남자 친구는 중국에 있다. 마치 드라마의 주인공처럼 다른 곳에서 서로를 그리워하면서 살고 있는 것이다. 그러나 서로에게 중요한 일들이 있기 때문에 무작정 만날 수는 없다. 선택을 한 후에는 후회하지 않고 내가 한 선택을 믿고 그 일을 해야 한다는 생각을 한다.

드라마를 통해 많은 **사람들의 관계를 맺는 방법과 인생을 계획하는 방법은 물론 배울 수 있었다.** 어떤 사람들은 흔한 드라마라고 무시하지만 **마음먹기에 따라 배울 것조차 많다고 생각한다.** 한국에 와서 다양한 대중문화를 경험하면서 나는 유학생활을 풍부하게 만들고 싶다. 그러면 나의 한국어 실력도 좋아질 것이라고 생각한다.

7. 고쳐 쓰기

1. 내용이 신기할 뿐만 아니라 남자 주인공이 매력만 있어서 시청률이 높았다.
→

2. 한국 문화에 대한 관심마저 생겨서 이 드라마를 보게 되었다
→

3. 한국의 대중문화에 관심조차 생겨서 본 것은 이 드라마가 처음이다.
→

4. 드라마를 보면서 울기도 하고 웃기마저 하면서 정말 즐거운 시간을 보냈다
→

5. 친구들이 드라마에 빠져서 정신밖에 못 차리겠다고 한 말을 이해할 것 같다.
→

6. 사람들의 관계를 맺는 방법과 인생을 계획하는 방법은 물론 배울 수 있었다.
→

7. 마음먹기에 따라 배울 것조차 많다고 생각한다.
→

8. 고친 글 표현

- '-도, -까지, -마저, -조차'는 어떠한 사실에 대상을 더 포함하여 나타낼 때 사용한다. 그러나 각각은 말하는 사람의 마음과 태도에 따라 차이점이 있어서 사용할 때 주의해야 한다.

- - 도: 어떠한 사실에 대상이 포함됨을 나타낼 때 사용한다. 뒤의 내용이 긍정문이거나 부정문이어도 사용할 수 있다.
  예〉 작년 여름에 비가 많이 내렸다. 올 여름에도 비가 많이 내렸다.
  예〉 날씨도 더운데 비도 오지 않는다.

- - 까지: 어떠한 사실에 대상이 포함됨을 나타낼 때 사용한다. 뒤의 내용이 긍정문이거나 부정문이어도 사용할 수 있다.
  예〉 왕타오는 똑똑한데다가 성격까지 좋다.
  예〉 반장은 한국어 읽기 성적이 좋지 않은데 말하기 성적까지 안 좋다.

- -마저: 어떠한 사실에 대상이 포함됨을 나타낼 때 사용한다. 뒤의 내용이 부정문일 때만 사용할 수 있다. '심지어~마저, ~ 뿐만 아니라~ 마저, ~ 은/는 물론이고~ 마저' 등으로 자주 사용한다.
  예〉 이번 달은 쇼핑을 너무 많이 해서 휴대폰 요금마저 낼 수가 없다.
  예〉 날씨가 좋아 산책을 하고 영화마저 보았다. (×)
  예〉 날씨가 추운데 눈마저 내린다.(O)
  → 이때는 날씨가 추운데 눈이라는 최악의 상황까지 포함시킬 때 사용한다. 긍정문 중 부정적 상황을 의미하는 경우에는 '-마저'를 쓸 수 있다.

- -조차: 어떠한 사실에 가장 기본적이고 쉬운 대상을 더 포함하여 나타낼 때 사용한다. 보통 말하는 사람이 예상하기 어려운 경우까지가 포함된다. 뒤의 내용에 '-지 않다. 못하다.' 등의 부정문이 온다. 뒤의 내용에 부정적 상황을 나타내는 긍정문이 올 수 없다.
  예〉 그 문제는 생각할 가치조차 없다.
  예〉 너무 바빠서 점심조차 먹지 못했다.
  예〉 날씨가 추운데 눈조차 온다.(×)

1. 보기에서 알맞은 것을 모두 골라 대화를 완성하시오.

<보기>
-도, -까지, -마저, -조차

1) 가: 주말에 어디에 가요?

　나: 명동에 가요 그리고_____(남대문에 가다)

2) 가: 왕환은 어때요?

　나: 왕환은 잘 생겼을 뿐만 아니라 _____(성격이 좋다)

3) 가: 무슨 계절을 좋아해요?

　나: 저는 여름을 좋아해요. 그리고_____ (겨울이 좋다)

4) 가: 휘엔 씨, 오늘 왜 그렇게 바빠요?

　나: 아르바이트 면접을 가려고 한국어 연습을 하고 _____ (내일 볼 시험 준비를 하다)

5) 가: 오늘 우리 영화관에서 1시 30분에 만나기로 했잖아. 왜 이렇게 늦었어?

　나: 미안, 미안, 늦어서 택시를 탔는데 _____(사고 나다)

6) 가: 오늘은 왜 이렇게 춥지?

　나: 그러게. 추운데다가 심지어 바람(　　　) 부네.

9. 내가 쓰는 글

✅ 개요 짜기 〈한국의 대중문화 감상문〉

처음	한국의 대중문화를 경험한 실제 예를 쓴다.
가운데	내가 경험한 한국의 대중문화에 대한 내용을 요약한다.
	한국의 대중문화를 경험하고 나의 마음이나 생활이 어떻게 변화했는지를 쓴다.
마무리	대중문화를 이해하기 위한 나만의 방법을 소개하며 다양한 시각을 갖는 것의 중요성을 강조한다.

10. 내가 쓰는 글

🖋 원고지 쓰기 (700 ~ 1000자)

	한	국	에		오	기		전	에		별	에	서		온		그	대	라
는		드	라	마	를		보	았	다	.	내	가		좋	아	하	는		전
지	현	이	라		는		배	우	는		머	리	가		길	고		얼	굴	이

🖋 뒤에 있는 원고지에 글을 쓰십시오.

11. 자기 평가

1. 나는 감상문을 쓸 수 있다.　　　　　　　　　　네 (　) 아니오 (　)
2. 나는 요약하기를 할 수 있다.　　　　　　　　　네 (　) 아니오 (　)
3. 나는 묘사하는 표현을 알고 쓸 수 있다.　　　　네 (　) 아니오 (　)

11

일과 여가의
관계

[학습목표]

1. 분석하기의 방법을 활용하여 글을 쓸 수 있다.

2. 일과 여가의 관계에 대한 글을 쓸 수 있다.

3. 자신의 의견을 제시하는 글을 쓸 수 있다.

11 일과 여가의 관계

지나친 경쟁 사회에서 살다보니 사람들은 남보다 더 많이 일을 해야 한다는 생각을 가지고 있습니다. 게다가 시간이 남으면 어떻게 시간을 보내야 하는지 몰라서 고민하는 사람들도 있습니다. 삶에서 여가는 아주 중요합니다. 열심히 일을 한 만큼 쉬는 것도 잘 쉬어야 생활의 균형이 맞아 즐겁게 살아갈 수 있습니다.

이번 주 과제는 〈일과 여가의 관계〉에 대해 쓰는 것입니다. 과제물은 다음 주까지 제출하시기 바랍니다. 여러분이 위와 같은 과제물을 받았습니다. 어떻게 써야 할까요? 먼저 글의 개요를 써야 합니다.

1. 개요짜기

✅ 주제가 정해졌다면 간단하게 개요를 짜 볼 수 있습니다. 개요는 글을 쓰기 전에 '무슨 내용을 쓸 것인가?', '어떤 순서로 쓸 것인가?' 등을 계획하는 것입니다.

처음	여가의 개념을 정의하고 내가 생각하는 여가의 의미를 씁니다.
가운데	일과 여가의 관계를 생각하고 여가의 필요성에 대해 씁니다. 나에게 맞는 여가는 무엇인지 씁니다.
마무리	일과 여가가 균형적일 때 삶의 행복도가 높아진다는 것을 강조하면서 마무리합니다.

2. 어휘 고르기

✅ 일과 여가의 관계에 대한 글을 쓰려고 합니다. 이 글을 쓰기 위해서 여가에 관련된 어휘를 찾아봅시다.

일과 여가 관련 어휘	균형, 업무, 취향, 현상, 휴식, 분야, 능률, 스트레스, 여가 생활, 상호 보완적, 삶의 만족도, 즐기다, 발견하다, 추구하다, 벗어나다, 반복되다, 과도하다, 적당하다, 비용이 들다, 원동력이 생기다
내가 찾은 어휘	

✅ 사전에서 아래 어휘의 의미를 찾아 여가와 관련된 문장을 만들어 봅시다.

어휘	벗어나다
의미	
문장 만들기	
어휘	과도하다
의미	어떤 기준, 정도를 넘어서 지나치다
문장 만들기	예〉 기업에서 너무 과도한 경쟁은 서로에게 피해를 줄 수 있다.
어휘	상호 보완적
의미	
문장 만들기	
어휘	비용이 들다
의미	
문장 만들기	
어휘	원동력이 생기다
의미	
문장 만들기	

✔ 일과 여가에 관련된 글을 쓸 때 위의 어휘 중에서 골라서 쓰면 됩니다.

3. 목표 표현 고르기

✅ 일과 여가와의 관계에 대한 글을 쓰려고 할 때 분석하기 방법을 활용하면 좋습니다. 분석하기 방법으로 글을 쓸 때 필요한 표현을 알아봅시다.

**분석하기
표현**
	■ 분석이란 어떤 현상, 상황에 대해 여러 각도에서 살펴보고, 상호관계를 파악하여 결과를 나타내는 것이다. 표, 그래프 등 다양한 자료를 통해 사회 현상을 분석할 수도 있는데, 그런 자료를 분석할 때 자주 사용되고 꼭 필요한 표현들이 있다.
	
	[분석의 방법]
	① ~에서 ~에 대해 설문 조사를 실시하였다.
	예〉 통계청에서 연령대별로 여가 생활에 대해 설문 조사를 실시하였다.
	
	② ~을/를 대상으로 조사한 결과, ~라고 응답한 경우가 가장 많았다.
	예〉 30대를 대상으로 조사한 결과, '시간적 여유가 없다'라고 응답한 경우가 가장 많았다.
	
	③ 조사 결과, ~이/가 ~%로 가장 높게 나타났다.
	  (조사 결과, ~이/가 1위를 차지했다.)
	예〉 조사 결과, TV시청이 46%로 가장 높게 나타났다.
	  (조사 결과, TV시청이 1위를 차지했다.)
	
	④ 그 다음으로 ~이/가 ~%로 그 뒤를 이었다.
	예〉 그 다음으로 운동이 37%로 그 뒤를 이었다.
	
	⑤ 그 뒤를 이어(서) ~이/가 ~%로 2위, ~이/가 ~%로 3위를 차지하였다.
	예〉 그 뒤를 이어서 운동이 37%로 2위, 게임이 30%로 3위를 차지하였다.
	
	⑥ ~으로는 ~이/가 가장 높게 나타났으며, 다음으로 ~, ~, ~ 순이었다.
	예〉 사람들이 선호하는 운동으로는 헬스가 가장 높게 나타났으며, 다음으로 요가, 조깅, 테니스 순이었다.
	
	⑦ 마지막으로 ~라는 기타 의견도 있었다.
	  (~이/가 ~%로 가장 낮게 나타났다.)
	예〉 마지막으로 '취미 생활을 한다'라는 기타 의견도 있었다.
	  (취미 생활이 10%로 가장 낮게 나타났다.)
	
	⑧ ~원인으로 ~을/를 들 수 있다.
	  ~로 인해 ~게 되었다.
	예〉 여가를 즐기지 못하는 원인으로 일에 대한 부담감을 들 수 있다.
	  일에 대한 부담감으로 인해 여가를 즐기지 못하게 되었다.
	
	⑨ 위와 같은 설문 조사를 통해 ~을/를 알 수 있다.
	예〉 위와 같은 설문 조사를 통해 한국 사람들은 쉬지 않고 일하고 있다는 것을 알 수 있다.

4. 쓰기 강화

✅ 그래프를 분석할 때 자주 사용하는 표현이 있습니다. 이 표현을 알아두면 글을 쓸 때 매우 편리합니다. 이 표현을 사용하여 연습해 봅시다.

증가하다		감소하다	
점차 다소 약간 꾸준히 급격히 가파르게 큰 폭으로	늘다 늘어나다 높아지다 많아지다 오르다 커지다 급증하다 상승하다 확대되다	점차 다소 약간 꾸준히 급격히 가파르게 큰 폭으로	줄다 줄어들다 낮아지다 적어지다 내리다 작아지다 떨어지다 하강하다 축소되다

- ~은/는 ~%에 그쳤다. 이르렀다. 달한다.
- ~은/는 ~%를 차지하고 있다.
- 그 중에서 ~은/는 ~%로 나타났다.
- ~이/가 큰 영향을 미친 것으로 여겨진다.
- 이런 추세라면 앞으로 ~에 이를 것으로 보인다, 기대된다, 예상된다.
- ~와/과 비교해 봤을 때 두드러지게 증가세(감소세)를 보이고 있다.
- ~년 사이에 ~이/가 ~게 되었다.

1.

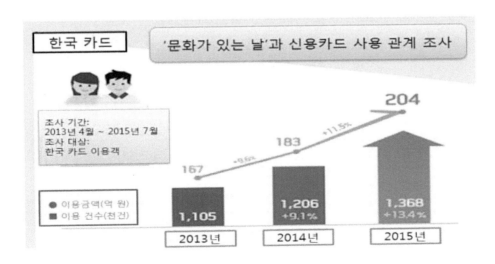

한국 카드에서 카드 이용객을 대상으로 2013년 1월부터 2015년 7월까지 '문화가 있는 날'과 신용 카드의 사용 관계에 대한 조사를 실시하였다. 조사 결과, '문화가 있는 날' 시행 후 카드 이용 건수와 이용 금액이 다소 증가한 것으로 나타났다. 2013년과 비교했을 때 2015년 2년 사이에 카드 이용 건수가 13,4% 많아졌으며, 이용 금액도 167억 원에서 204억 원으로 꾸준히 늘어난 것으로 보인다. 이를 통해 '문화가 있는 날'이 경기 활성화에도 기여한다는 것을 알 수 있었다.

2.

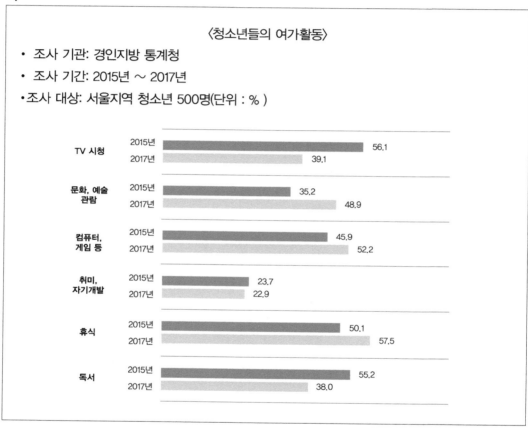

5. 토픽 쓰기

1. 다음 그래프를 보고 '1인 가구 증가와 소비문화의 변화'에 대한 글을 200~300자로 쓰십시오. 단, 글의 제목을 쓰지 마시오.

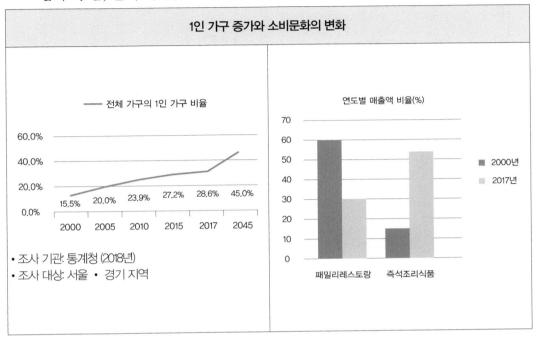

_____

_____

_____

_____

_____

2. 다음을 참조하여 '일과 가정의 양립'에 대한 글을 200~300자로 쓰십시오. 단, 글의
   제목을 쓰지 마시오.

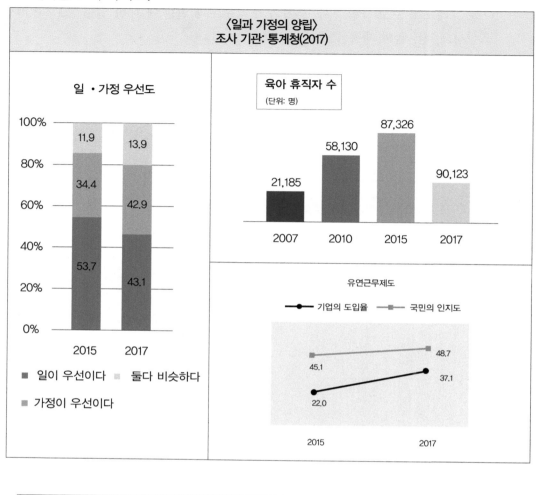

---

6. 유학생이 쓴 글

여가 생활이란 일이나 학업 등에서 벗어나 주말이나 근무 시간 이외에 자신의 취향에 따라 본인이 좋아하는 활동을 하는 것을 말한다. 최근 새로 생긴 신조어 중에 '워라벨'이라는 말이 있다. 이것은 일과 삶의 균형(Work and life balance)을 가리키는 말이다. 신조어가 생길 정도로 열심히 일을 한 만큼 여가를 즐기고자 하는 직장인들이 늘고 있다. 직장인뿐만 아니라 학생, 노년층에서도 여가를 즐기는 사람들이 증가하고 있는데 이는 여가 생활을 통해 새로운 자신을 발견하려는 사회적 현상으로 이해할 수 있다.

세계 근무 시간 통계자료를 보면 **한국 사람들은 다른 나라 사람들보다 일을 많이 한 편이다.** 야근에 주말 근무까지 가정보다는 항상 직장을 우선으로 여기며 지내왔다. 과도한 업무와 불규칙적인 생활이 반복되다 보면 **스트레스가 쌓이고 건강이 나빠질 수밖에 있다.** 또한 **공부와 일의 능률이 오르기 어렵지 않다.** 일과 휴식은 상호 보완적인 관계라고 볼 수 있기 때문에 잘 쉬는 사람이 일을 할 때도 더 열심히 일을 할 수 있다. 이런 점에서 적당한 휴식은 누구에게나 필요한 것이다.

연령에 따라서 여가 활동에도 차이가 있다. 20-30대 젊은 사람들은 여행, 문화 예술 관람, 스포츠 등 **활동적인 여가 생활을 좋아한 편이다.** 40-50대 중년층은 헬스, 등산, 휴식 등으로 여가 생활을 즐기고, 반면에 60대 이상 노년층은 건강 문제와 경제적인 문제 등으로 집에서 시간을 보내는 경우가 많다. 그리고 예전에는 친구, 가족과 같이 여가 생활을 즐기는 사람이 많았다면, 점점 가족의 규모가 축소되고 사회가 변화면서 혼자서도 여가 생활을 즐기는 사람들의 수가 많아지고 있다. 근로 시간이 줄어들고 건강과 여가에 대한 관심이 높아지면서 건강, 여가와 관련된 분야들이 다양해지고 관련 사업들도 점차 커지고 있다.

다양한 여가 생활을 통해 삶의 만족도도 높아지고 건강하고 행복하게 살아가고자 하는 사람들이 늘고 있지만, **아직까지는 여가 활동에 대한 인식이 높지 못하다.** 그리고 앞으로 해결해야 할 문제점들도 있다. 여러 가지 **여가 활동을 하려면 비용이 안 들 수밖에 없다.** 이런 여가 비용의 문제와 더불어 **시간적 여유가 없는 사람들은 하고 싶어도 여가 활동을 안 하는 것이 사실이다.** 미래의 행복한 생활을 추구하기 위해서는 시민과 국가가 서로 협력하여 문제점들을 해결하고 더 나은 방법을 찾는 것이 중요하다. 잘 쉬는 만큼 새로운 일을 할 수 있는 원동력이 생겨, 국가 경제 발전에도 도움이 될 수 있기 때문이다.

7. 고쳐 쓰기

1. 한국 사람들은 다른 나라 사람들보다 일을 많이 한 편이다.

→

2. 스트레스가 쌓이고 건강이 나빠질 수밖에 있다.

→

3. 공부와 일의 능률이 오르기 어렵지 않다.

→

4. 활동적인 여가 생활을 좋아한 편이다.

→

5. 아직까지는 여가 활동에 대한 인식이 높지 못하다.

→

6. 여러 가지 여가 활동을 하려면 비용이 안 들 수밖에 없다.

→

7. 시간적 여유가 없는 사람들은 하고 싶어도 여가 활동을 안 하는 것이 사실이다.

→

8. 고친 글 표현

〈목표 표현 1〉
'A/V〜지 않다' 'V〜지 못하다'

■ 'A/V〜지 않다'
의미: 어떤 일이나 상황을 부정할 때 사용한다.
예〉 오늘은 날씨가 춥지 않다.
예〉 그 사람은 많이 먹지 않는다.
※ 형용사, 동사와 같이 사용할 수 있다.
※ '안'을 대신하여 사용할 수 있지만 문어나 공식적인 자리에서 '〜지 않다'를 사용한다.

■ 'V〜지 못하다'
의미: 어떤 상황 때문에 혹은 능력이 부족해서 할 수 없다는 것을 나타낼 때 사용한다.
예〉 너무 어려워서 과제를 하지 못했다.
예〉 일이 있어서 같이 가지 못하는 사람이 있으면 이미 말해야 한다.
※ 대부분 동사와 같이 사용한다.
※ '못'을 대신하여 사용할 수 있지만 문어나 공식적인 자리에서 '〜지 못하다'를 사용한다.

〈목표 표현 2〉
A/V〜은/는 편이다

의미: 의미가 어떤 한 쪽에 더 가깝다는 것을 나타낼 때 사용한다.
예〉 내 동생은 똑똑한 편이다.
예〉 서울의 집값은 비싼 편이다.
예〉 우리 언니는 매운 음식을 잘 먹는 편이다.
예〉 그 사람은 항상 일찍 오는 편이다.

※ 형용사와 같이 사용하는 것이 더 자연스럽다. 동사와 같이 사용할 때는 동사의 의미를 더해주는 부사와 사용하는 것이 좋다. (단, 동사에 어떤 의미가 포함되어 있으면 부사가 없어도 사용할 수 있다.)
예〉 나는 밥을 먹는 편이다. (x)
　　나는 밥을 빨리 먹는 편이다. (o)
　　나는 공부를 잘하는 편이다. (o)

〈목표 표현 3〉
A/V〜을 수밖에 없다

의미: 어떤 일 이외에 다른 가능성이 없다는 것을 나타낼 때 사용한다.
예〉 그 사람은 매운 음식을 못 먹으니까 김치를 싫어할 수밖에 없다.
예〉 성적이 나쁘면 다음 학기에 똑같은 수업을 다시 들을 수밖에 없다.

※ '밖에'를 빼면 의미가 달라지므로 빼고 사용할 수 없다.
　'밖에' 뒤에는 '없다'를 써야 한다. '〜을 수밖에 있다' (x)
예〉 일이 많아서 늦게 갈 수 없다. (x)　늦게 갈 수밖에 있다. (x)

9. 내가 쓰는 글

✅ 개요 짜기 〈일과 여가의 관계〉

처음	여가의 의미를 정의하고 내가 생각하는 여가의 의미를 쓴다.
가운데	일과 여가의 관계, 여가의 필요성에 대해 쓴다.
	자신에게 맞는 여가는 무엇인지 쓴다.
마무리	건강하게 사는 방법으로서 일과 여가의 균형적인 생활의 중요성을 강조하며 마무리한다.

10. 내가 쓰는 글

✏️ 원고지 쓰기 (700~1,000자)

	최	근	에		일	과		여	가	를		모	두		중	요	하	게
생	각	하	는		사	회		분	위	기		속	에	서		여	가	에
대	한		관	심	이		높	아	지	고		있	다	.				

✏️ 뒤에 있는 원고지에 글을 쓰십시오.

11. 자기 평가

1. 나는 일과 여가와 관계를 설명할 수 있다.　　네 (　) 아니오 (　)
2. 나는 분석하기의 방법을 잘 알고 글을 쓸 수 있다.　　네 (　) 아니오 (　)
3. 나는 의견을 제시하는 글을 쓸 수 있다.　　네 (　) 아니오 (　)

스트레스와 건강

[학습목표]

1. 접속사를 사용하여 글을 쓸 수 있다.

2. 담화 표지어를 사용하여 글을 쓸 수 있다.

3. 주장하는 글을 쓸 수 있다.

12 스트레스와 건강

생활을 하다 보면 누구나 스트레스를 받을 것입니다. 여러분은 언제, 무슨 일로 스트레스를 받습니까? 스트레스를 받았을 때 몸은 어떤 반응을 보입니까? 일을 했을 때 효과가 있습니까? 스트레스가 인간에게 미치는 영향을 알아보고 그에 따른 대처법에 대해서 생각해 봅시다.

이번 주 과제는 〈스트레스와 건강〉에 대해서 쓰는 것입니다. 과제물은 다음 주까지 제출하시기 바랍니다. 여러분이 위와 같은 과제물을 받았습니다. 어떻게 써야 할까요? 먼저 스트레스를 받은 경험을 기억해 봅시다. 그리고 그 기억에 따라 어떻게 하면 스트레스를 풀 수 있는지 방법을 생각해 보는 것입니다. 그럼 글의 개요를 써 봅시다.

1. 개요짜기

✅ 주제가 정해졌다면 간단하게 개요를 짜 볼 수 있습니다.

처음	스트레스와 관련된 질문을 하고 스트레스에 대해서 정의합니다.
가운데	스트레스를 받는 이유를 쓰고 스트레스가 건강에 미치는 영향을 씁니다. 스트레스는 어떻게 해결하는지 씁니다.
마무리	스트레스를 해결하는 것의 중요성을 강조해서 마무리합니다.

2. 어휘 고르기

✅ 스트레스에 대한 글을 쓰려고 합니다. 이 글을 쓰기 위해서 관련된 어휘를 찾아봅시다.

스트레스 관련 어휘	심리, 복통, 두통, 면역력, 자신감, 초조하다, 긴장하다, 불안하다, 저하되다, 반응하다
내가 찾은 어휘	

✅ 사전에서 아래 어휘의 의미를 찾아 스트레스에 관련된 문장을 만들어 봅시다.

어휘	자신감
의미	자신이 있다는 느낌을 말한다.
문장 만들기	예) 스트레스 때문에 친구의 얼굴에 자신감이 없어 보였다.
어휘	긴장하다
의미	
문장 만들기	
어휘	심리
의미	
문장 만들기	
어휘	면역력
의미	
문장 만들기	
어휘	저하되다
의미	
문장 만들기	

✔ 스트레스에 관련된 글을 쓸 때 위의 어휘 중에서 골라서 쓰면 됩니다.

3. 목표 표현 고르기

☑️ 스트레스에 대한 글을 쓰려고 합니다. 앞과 뒤의 문장을 잘 연결하기 위해서 어떤 접속사를 써야 하는지 찾아봅시다.

♣ 앞 문장과 뒤 문장을 이어 주거나, 뒤 문장에 내용을 덧붙일 때 쓰는 접속사

그리고, 또, 또한, 게다가

예〉한라산은 한국에서 가장 높은 산이다. 그리고 한국의 제일 남쪽에 있는 산이다.
예〉그녀는 학생을 가르치는 선생이며 또 작가이기도 하다.
예〉김치는 소금이 적게 들어갈수록 빨리 익는다. 또한 기온이 높을수록 빨리 익는다.
예〉날씨가 흐리고 게다가 바람까지 불었다.

♣ 앞 문장과 뒤 문장 중에서 어느 한쪽을 고를 때 쓰는 접속사

혹은, 또는, 그렇지 않으면

예〉고향에 내려갈 때 기차 혹은 고속버스를 타고 갈 예정이다.
예〉포도로 담근 술을 포도주라고 부른다. 또는 와인이라고 부르기도 한다.
예〉이제라도 용서를 빌면 받아 주겠지만 그렇지 않으면 혼내겠다.

♣ 앞 문장의 내용을 뒤 문장에서 알기 쉽게 바꿀 때 쓰는 접속사

즉, 곧

예〉문학작품은 사회를 반영한다. 즉, 문학작품은 한 시대를 보여주는 거울이라고 할 수 있다.
예〉꿈을 꾸지 않으면 살아 있다고 말할 수 없다. 곧 꿈꾸는 것이 살아 있는 것이다.

4. 쓰기 강화

1) ❶과 ❷ 문장을 연결할 수 있게 알맞은 접속사를 골라 ○표 하십시오.

> ❶ 동물원 우리 안에 사는 코끼리가 아무 이유 없이 몸을 앞뒤로 흔든다. 하루 종일 하는 일이 없다 보니 스트레스를 받아 나타나는 행동이다. 이것은 야생에 사는 동물에게는 나타나지 않는 부자연스러운 모습이다.

> 〈 또, 그렇지 않으면, 곧 〉
> 살고 있는 우리가 너무 좁다.

> ❷ 영국 동물원을 대상으로 조사한 결과 동물원 코끼리는 야생 코끼리보다 1,000분의 1의 좁은 공간에서 생활한다는 결과가 나왔다고 한다.

2) 문장을 연결할 수 있게 알맞은 접속사를 골라 ○표 하십시오.

> 웃음이 암에 효과적인 치료법이라는 과학적인 증거는 부족하다. 〈그러나, 그리고, 즉〉 웃음은 많은 유익한 점을 갖고 있다. 웃음은 긍정적인 신체 변화를 주고 통증을 약화시킨다. 〈또한, 또는, 곧〉 스트레스와 부정적 정서를 완화시키고 삶의 만족도를 높인다. 여러 병원에서 환자들의 병을 치료하기 위한 방법으로 웃음 치료를 활용하고 있다.

3) 접속사를 사용해서 글을 완성해 봅시다.

- 스트레스를 받으면 두통이 생긴다. 그리고 _____
  _____

- 스트레스를 받을 때 단 음식 혹은 _____
  _____

- 스트레스를 받지 않는 사람은 없다. 즉 _____
  _____

5. 토픽 쓰기

1. 다음을 읽고 (   )에 들어갈 말을 각각 한 문장씩 쓰십시오.

> 내가 스트레스를 푸는 방법은 바로 경보다. 운동을 좋아해서 여러 종류의 운동을 해 봤지만 업무에 바쁜 나는 항상 중도에 (㉠   ). 그러나 경보는 내가 마음만 먹으면 (㉡   ). 시간과 장소에 구애를 받지 않고서 말이다.

㉠ :

㉡ :

2. 다음을 읽고 (   )에 들어갈 말을 각각 쓰십시오.

> 운동을 할 때에는 (㉠   ). 혼자하게 되면 의지가 약해져서 금방 싫증을 낼 수 있지만 여러 명이 같이 하게 되면 스트레스가 해소될 뿐만 아니라 교류를 할 수 있어서 오랜 시간 운동을 해도 지루하지 않기 때문이다.
> 그리고 운동 실력에서 차이가 나는 사람과 함께 하는 것보다 (㉡   ) 더 효과적이다. 실력 차이가 나면 운동의 재미를 못 느끼기 때문이다.

㉠ :

㉡ :

6. 유학생이 쓴 글

세상에 스트레스를 받지 않는 사람은 없다. 아마 그 누구도 스트레스를 피할 수 없을 것이다. 그렇다면 우리는 스트레스에 대해 잘 알아야 하고 어떻게 대처할 수 있는지에 대해 생각해야 할 것이다. 한 조사에 따르면 한국 사람들이 자주 사용하는 외래어 중 1위가 스트레스라고 한다. **게다가** 스트레스는 현대인과 떼려야 뗄 수 없는 관계인 것이다.

스트레스의 원인은 다양하고 사람마다 다르다. 학생이면 주로 학습에 대한 문제로 성인은 경제력이나 인간관계 등 각종 원인으로 인해서 스트레스를 받고 그 증상 또한 다 다르다. 나는 스트레스를 받으면 초조함을 느끼고 불안하다. 그러나 정도가 심해지면 신체적으로 문제가 생긴다. **다시 말해서** 두통이 생기고 호흡하기가 힘들어진다. 그리고 신경도 예민해진다. 아무리 괜찮다고 스스로에게 이야기해도 나아지지 않는다. 어떤 사람은 스트레스를 받으면 울음으로 해결한다. 또 어떤 사람은 표현하지 않고 계속 마음속에 쌓아 둔다. 하지만 결국 그것이 폭발해서 다른 사람에게 상처를 준다. 그래서 우리는 스트레스 받는 것에 대해서 스트레스를 받지 말아야 한다. **왜냐하면** 스트레스를 안 받는 사람은 없다. 그렇기 때문에 스트레스에 대한 내 자신의 태도가 중요하다. 부정적인 면보다 내가 성장하는 과정의 한 부분이라고 여겨야 할 것이다. 스트레스를 받을 때 우리 몸은 곧 생길 어려움을 대비한다. **하지만** 우리의 뇌는 지금 경험하는 이 일이 나에게 스트레스를 주는 일이라도 그 일을 긍정적으로 인식을 하면 우리 몸에 좋은 작용을 한다고 한다. 이 때 뇌는 우리가 용기를 낼 때와 같은 상태라고 한다. 그러니까 스트레스는 부정적인 면만 있는 것이 아니다.

스트레스를 받을 때 어떻게 해결하면 좋을지 몇 가지 방법을 생각해 보았다. 좋아하는 음악을 들으면서 산책을 한다. 산책을 하면서 마음을 비우면 좋다. 그리고 힘든 일은 참지 말고 주위 사람과 이야기를 한다. 또한 맛있는 음식을 먹거나 운동하는 것도 좋은 방법이다. 여기에서 중요한 것은 나만의 스트레스 해소법을 찾는 것이다.

스트레스를 받는 것에 대해서 심각하게 여기는 것보다 스트레스의 원인을 파악하고 관리하려는 적극적인 태도를 보이는 것이 중요하다. **예컨대** 스트레스를 두려워하지 말고 나에게 맞게 활용해야 한다. 스트레스는 누구나 받는 감정이기 때문에 긍정적인 마음으로 해결하는 것이 중요하다. 우리는 자신에게 맞는 스트레스 해결 방법을 찾아야 할 것이다.

7. 고쳐 쓰기

1. 한 조사에 따르면 한국 사람들이 자주 사용하는 외래어 중 1위가 스트레스라고 한다. 게다가 스트레스는 현대인과 떼려야 뗄 수 없는 관계인 것이다.

→

2. 나는 스트레스를 받으면 초기에는 초조함을 느끼고 불안하다. 그러나 정도가 심해지면 신체적으로도 문제가 생긴다. 다시 말해서 두통 생기고 호흡하기가 힘들어 진다.

→

3. 왜냐하면 스트레스를 안 받는 사람은 없다.

→

4. 스트레스를 받을 때 우리 몸은 곧 생길 어려움을 대비한다. 하지만 우리의 뇌는 지금 경험하는 이 일이 나에게 스트레스를 준다고 해도 그 일을 긍정적으로 인식을 하면 실제로 우리 몸에 좋은 작용을 한다고 한다.

→

5. 스트레스를 받는 것에 대해서 심각하게 여기는 것보다 스트레스의 원인을 파악하고 관리하려는 적극적인 태도를 보이는 것이 중요하다. 예컨대 스트레스를 두려워하지 말고 나에게 맞게 활용해야 한다.

→

8. 고친 글 표현

♣ '담화 표지'란 대화나 글에서 특정한 역할을 해주는 것을 말한다. 담화 표지는 직접 말을 하거나 글로 나타냄으로써 특정한 역할을 드러낸다. 대개 내용 집중, 내용 구별, 내용 정리, 기억 등에 도움을 준다.

♣ 담화표지의 역할

예고	지금부터, 앞으로 ~할 것이다, 다음과 같다.
강조	무엇보다, 강조하자면, 여기에서 중요한 것은
예시	예컨대, 예를 들면
열거	우선, 먼저, 다음으로, 첫째, 둘째, 셋째, 마지막으로, 끝으로
지시	이, 그, 저
부연	즉, 다시 말해서, 이를테면
양보	비록, 설령 ~다고 해도, 아무리
정리	지금까지, 따라서, 요컨대, 결론적으로, 이처럼, 정리하자면

예〉 앞으로 나의 꿈을 찾도록 도와줄 것입니다.	1과 유학생이 쓴 글
예〉 무엇보다 수입과 지출의 계획을 세우는 것이 가장 중요하다.	7과 유학생이 쓴 글
예〉 김치의 종류에는 여러 가지가 있는데 예를 들면 배추김치, 물김치, 열무김치 등이 있다.	5과 목표 표현 고르기
예〉 둘째, 상대방의 입장에서 생각하는 것이 좋다.	2과 유학생이 쓴 글
예〉 그 상황에서 문제가 생기면 해결한다.	6과 유학생이 쓴 글
예〉 즉, 문학작품은 한 시대를 보여주는 거울이라고 할 수 있다.	12과 목표 표현 고르기
예〉 아무리 힘들어도 하고 말 것이다.	3과 목표 표현 고르기
예〉 지금까지 살펴봤듯이 각 나라는 음식의 종류도 다양하지만 나라마다 전통적으로 이어져 내려오는 음식문화가 있다.	8과 유학생이 쓴 글

9. 내가 쓰는 글

✅ 개요 짜기 〈스트레스와 건강〉

처음	언제, 왜 스트레스를 받는지를 쓴다.
가운데	스트레스를 받으면 나타나는 증상에 대해서 쓴다.
	스트레스를 받으면 어떻게 해결하는지 쓴다.
마무리	스트레스 해결이 우리 삶에서 얼마나 중요한지 강조해서 쓴다.

10. 내가 쓰는 글

✏️ 원고지 쓰기 (700~1000자)

		누	구	나		살	면	서		스	트	레	스	를		받	은		경	험
이		있	을		것	이	다	.		학	생	이	면		주	로		학	업	에
대	한		스	트	레	스	를		받	고		성	인	이	면		일	상	생	
활	에	서		스	트	레	스	를		받	는	다	.							

✏️ 뒤에 있는 원고지에 글을 완성하십시오.

11. 자기 평가

1. 나는 주장하는 글을 쓸 수 있다.　　　　　　　　네 (　) 아니오 (　)
2. 나는 접속사를 바르게 쓸 수 있다.　　　　　　　네 (　) 아니오 (　)
3. 나는 담화 표지어를 정확히 알고 쓸 수 있다.　　네 (　) 아니오 (　)

성공적인
유학 생활

[학습목표]

1. 성공적인 유학 생활에 대한 글을 쓸 수 있다.

2. 근거를 제시하는 표현을 글로 쓸 수 있다.

3. 글의 호응을 이해하고 쓸 수 있다.

13 성공적인 유학 생활

여러분은 유학 생활에서 성공을 무엇으로 보고 있습니까? 학점을 잘 받는 것, 졸업하는 것, 한국에서 잘 적응하는 것, 취직을 잘하는 것 등등 사람마다 생각이 다를 것입니다. 유학 생활을 성공적으로 한다는 것이 무엇인지 생각해 봅시다. 그리고 그 성공적인 유학 생활을 위해서 여러분은 어떤 노력을 하고 있는지 찾아 봅시다.

이번 주 과제는 〈성공적인 유학 생활〉에 대해서 여러분의 생각을 써 오는 것입니다. 과제물은 다음 주까지 제출하시기 바랍니다. 여러분이 위와 같은 과제물을 받았습니다. 어떻게 써야 할까요? 먼저 생각할 것은 성공에 대한 자신의 생각을 정리하는 것입니다. 그리고 그 생각에 따라 자료를 찾아보는 것입니다.

1. 개요짜기

✔ 주제가 정해졌다면 간단하게 개요를 짜 볼 수 있습니다.

처음	성공에 대한 자신의 생각을 쓰고 자신이 생각하는 성공적인 유학 생활에 대한 정의를 씁니다.
가운데	성공적인 유학 생활을 한 사람의 예를 씁니다. 또한 성공적인 유학생활을 하기 위한 필요한 조건이나 단계를 써 봅니다.
마무리	성공적인 유학 생활에 대한 자신의 생각을 정리합니다.

2. 어휘 고르기

☑ 성공적인 유학 생활에 대한 글을 쓰려고 합니다. 이 글을 쓰기 위해서 성공, 유학 생활에 관련된 어휘를 찾아봅시다.

성공적인 유학생활	학점, 졸업, 한국어 능력, 한국 친구, 체험, 성실함, 자신감, 의사소통, 성공적이다, 적극적이다, 필수적이다, 조절하다, 견디다, 극복하다, 풍부하다, 다양하다, 참여하다, 적응하다
내가 찾은 어휘	

☑ 성공적인 유학 생활에 관련된 어휘 중에서 의미를 찾고 문장을 만들어 봅시다.

어휘	자신감
의미	어떤 일을 잘 할 수 있다는 생각과 느낌
문장 만들기	예〉 유학 생활에서 가장 필요한 것은 자신감이다.
어휘	적극적이다
의미	
문장 만들기	
어휘	성실하다
의미	
문장 만들기	
어휘	견디다
의미	
문장 만들기	
어휘	조절하다
의미	
문장 만들기	

✔ 성공과 유학 생활에 관련된 글을 쓸 때 위의 어휘 중에서 골라서 쓰면 됩니다.

3. 목표 표현 고르기

✅ 성공적인 유학 생활 대한 글을 쓰려고 합니다. 성공적인 유학 생활에 대한 글을 쓰려면 어떤 표현이나 문형을 써야 하는지 찾아봅시다.

근거 제시 하기 표현	♣ 글을 쓸 때 나의 생각을 확실하게 하기 위해서 근거를 제시한다. 글에서 근거를 제시하면 논리적인 글이 되기 때문에 읽는 사람을 설득할 수 있다. 근거를 제시하는 방법은 여러 가지가 있다. 1. 전문가의 의견이나 인용 자료를 근거로 제시하기 　① N에 의하면 A/V ~는다고 한다. N은/는 N이라고 주장하였다. 　예〉 뇌 과학자에 의하면 외국어 학습이 두뇌 발달에 좋다고 한다. 　과학자들은 지구 온난화가 기후를 바꿀 것이라고 주장하였다. 　② N에 따르면 A/V ~는 것으로 나타나다. 　예〉 통계청 자료에 따르면 한국 여성이 남성보다 10살 더 오래 사는 것으로 나타났다. 2. 설문조사를 이용하여 근거로 제시하기 　N을/를 대상으로 N에 대한 조사를 했다/실시했다. 　예〉 유학생을 대상으로 성공적인 유학 생활에 대한 조사를 실시했다. 3. 상식이나 속담을 근거로 제시하기 　N에 A/V ~는다는/N이라는 말이 있다. 　예〉 한국 속담에 천리길도 한걸음부터라는 말이 있다.
글의 호응 2	♣ 글을 쓸 때는 문장이 서로 어울려야 하고 반드시 같이 써야 하는 표현들이 있다. 이것을 호응이라고 한다. 다음은 원인과 이유, 조건에 대한 호응 표현이다. 1. 원인이나 이유: 원인으로 N을/를 들 수 있다. 　예〉 한국에서 결혼이 늦어지는 원인으로 나쁜 경제 상황을 들 수 있다. 2. 조건: A/V ~어야 A/V ~을 수 있다. 　　　　A/V ~으면 A/V ~을 수 있다. 예〉 학점이 좋아야 장학금을 받을 수 있다. 　　학점이 좋으면 장학금을 받을 수 있다.

4. 쓰기 강화

✏️ 다음은 근거를 제시하기 위해 사용된 표현입니다. 틀린 부분은 바르게 고쳐서 써 봅시다.

1. 미국의 있는 한 과학자에 의하면 인간이 150살까지 살 것이다.

2. 통계자료에 따르면 외국인 유학생 절반이 아르바이트를 한다.

3. 미혼남녀를 대상으로 결혼을 조사하였다.

4. 한국 속담에 싼 게 비지떡이 있다.

1. _____

2. _____

3. _____

4. _____

✏️ 다음의 글을 호응에 주의하면서 글을 완성해 보십시오.

성공적인 유학 생활의 조건은 무엇인가?

성공적인 유학생활을 위해서는 몇 가지 조건이 필요하다.

첫째, 자신감이 필요하다. 자신감이 있어야_____.

둘째, 열정이 필요하다. 열정을 가져야_____. 열정이 있으면 학점을 잘 받을 수 있다. 왜냐하면 수업에서나 생활에서 노력을 하게 되고 노력을 하면

_____.

앞에서 살펴 본 조건들만 잘 지킨다면 성공적인 유학생활을 하는 데에 큰 어려움이 없다고 생각한다.

5. 토픽 쓰기

[1~2] 다음을 읽고 (   )에 들어갈 말을 각각 한 문장씩 쓰십시오.

1.

✉ E-mail	⊟ ▢ Ⅺ

제목: 교수님, 왕타오입니다.

교수님, 안녕하세요? 저는 실용한국어를 듣는 왕타오입니다.
부탁드릴 말씀이 있어서 메일을 보냅니다.
보고서 내는 날이 오늘까지인데 제가 날짜를 잘못 알았기 때문에 (㉠   ).
죄송하지만 늦게 내더라도 (㉡   )?
허락하시면 주말까지 보고서를 메일로 제출하겠습니다.
교수님, 부탁드립니다.
그럼, 답장을 기다리겠습니다. 감사합니다.

왕타오 올림

㉠:

㉡:

2.

　이 책은 성공을 하려면 좋은 습관이 있어야 된다고 말한다. 행동학자들은 좋은 습관이 사람을 긍정적으로 변화시킬 수 있다고 한다. 책에 나온 습관들은 그리 대단한 것들이 아니고 우리가 알고 있는 것들이 대부분이다. 그런데 우리가 알고 있는 것과 (㉠   ). 몰라서가 아니라 실천하는 것이 어렵기 때문이다. 습관은 생각이 아니라 몸이 저절로 알아서 움직이는 것이다. 사람들은 나쁜 습관은 빨리 배우지만 (㉡   ). 바로 이것이 성공의 성패를 갈라놓는 요소가 된다.

㉠:

㉡:

6. 유학생이 쓴 글

성공적인 유학 생활은 무엇일까? 우선 성공에 대해서 생각해 봐야 한다. 보통 성공이란 자신이 생각한 것을 이루는 것을 말한다. 자신이 생각한 것이나 목표가 다르기 때문에 사람마다 성공이 달라진다고 생각한다. 사람들이 생각하는 성공적인 유학 생활은 어떤 것인가? 우리 대학 유학생 50명을 대상으로 성공적인 유학 생활에 대한 설문조사를 하였다. **다음은 성공적인 유학 생활의 조건에 대해서 살펴보았다.**

유학을 하면 외국에서 다양하게 공부할 수 있어서 좋다. 자신의 나라에서 공부하기 어렵거나 더 나은 환경에서 자신이 원하는 것을 공부할 수 있다. **외국인 유학생이 생각하는 성공적인 유학 생활이란 대학교 생활에 잘 적응한다.**

유학생활을 잘 적응하기 위해서 필요한 것은 먼저 그 나라의 언어이다. **왜냐하면 외국인들이 유학 생활에서 가장 힘든 것이 바로 그 나라의 언어이다. 언어를 못하면 여간 어려운 일이 많다.** 말을 이해 못하면 공부가 싫어져서 빨리 포기할 수도 있다. 특히 유학생들은 대학교 수업의 성공이 한국어 의사소통에 달려 있다고 말했다.

또 성공적인 유학 생활을 위해서는 좋은 학점이 필요하다고 대답했다. 좋은 학점을 위해서 수업에 지각하지 않고 열심히 해야 한다. 과제물도 잘 해야 한다. **지각하지 않고 과제물도 잘 하려면 성실한다.** 공부하는 데에 여러 가지 방법이 많다. 책으로 공부를 할 수 있고 한국 친구를 사귀거나 한국 사람과 같이 활동에 참여해도 좋다. 이때 필요한 것은 용기다.

공부를 열심히 하는 것이 중요하다. 그래서 공부만 하다보면 모든 것이 다 힘들고 귀찮다는 느낌이 나온다. 이때 스스로 조절해야 되고 견뎌야 한다. 어렵고 힘든 생활을 이겨내려면 재미있게 생각해야 한다. **외국에서 생활하면 얼마나 외로워서 눈물이 난다.** 외로움을 견디기 위해서 친구를 사귀면 좋고 생활도 풍부해질 것이다. 이것이 우리 대학 유학생들이 생각하는 성공적인 유학 생활이다.

여러분은 지금 원하는 것을 하고 있고 유학 생활을 잘하고 있는가? 나중에 졸업하고 고향에 있는 친구들이 한국에서 뭘 배우냐고 했을 때 대답을 못한다. 자신 있게 말할 수 있어야 한다. 그렇기 때문에 공부를 열심히 하지 않고 한국 생활을 잘 적응하지 못하면 성공이 아니다. 이번 조사를 통해 우리 학교 유학생들이 생각하는 성공적인 유학 생활을 위해서 필요한 조건은 능숙한 언어, 성실함, 친구임을 알 수 있었다.

7. 고쳐 쓰기

[1-2] 다음은 처음 부분과 마무리 부분이다. 처음 부분과 마무리 부분에 맞게 고쳐 써 봅시다. 마무리 부분은 특히 질문이 아니고 정리하는 부분으로 바꿔 써 봅시다.

1. [처음 (서론) 부분]
다음은 성공적인 유학 생활의 조건에 대해서 살펴보았다.
→

2. [마무리(결론) 부분]
여러분은 지금 원하는 것을 하고 있고 유학 생활을 잘하고 있는가?
→

[3~9] 틀린 부분을 바르게 고쳐 쓰십시오.

3. 외국인 유학생이 생각하는 성공적인 유학 생활이란 대학교 생활에 잘 적응한다.
→

4. 왜냐하면 외국인들이 유학 생활에서 가장 힘든 것은 바로 그 나라의 언어이다.
→

5. 언어를 못하면 여간 어려운 일이 많다.
→

6. 지각하지 않고 과제물도 잘 하려면 성실한다.
→

7. 공부를 열심히 하는 것이 중요하다. 그래서 공부만 하다보면 모든 것이 다 힘들고 귀찮다는 느낌이 나온다.
→

8. 외국에서 생활하면 얼마나 외로워서 눈물이 난다.
→

9. 나중에 졸업하고 고향에 있는 친구들이 한국에서 뭘 배우냐고 했을 때 대답을 못한다.
→

8. 고친 글 표현

> ♣ 처음(서론)과 마무리(결론)의 표현
> 서론과 결론은 글을 쓰는 처음과 마지막 부분이다. 처음에서 많이 쓰는 표현과 마무리에서 많이 쓰는 표현이 있다. 다음은 각 순서에 맞는 표현이다.

♣ 처음(서론)의 표현
서론은 본론에서 쓸 내용의 목적이나 글에 대해서 소개하는 표현을 사용한다.
1. V~고자 한다.
   예) 유학 생활을 성공적으로 하려면 무엇이 필요한지 살펴보고자 한다.

2. A/V~을 것이다. (서론의 동사는 현재나 미래형으로 쓴다)
   예) 성공적인 유학 생활이 무엇인지 알아볼 것이다.

3. ~ 무엇인가? (처음에서는 질문으로 시작할 수 있다.)
   예) 성공적인 유학 생활에서 필요한 것은 무엇인가?

♣ 마무리(결론)의 표현
본론에서 쓴 내용을 정리하거나 요약하는 표현을 쓴다.
1. (지금까지) ~ 았/었다 (마무리의 동사는 과거형으로 쓴다.)
   예) 지금까지 성공적인 유학 생활에 대해서 알아보았다/ 살펴보았다.

2. ~음을 알 수 있었다. (마무리에서는 정리하거나 요약한다.)
   예) 능숙한 언어, 성실함, 친구가 있으면 성공적으로 유학 생활을 할 수 있음을 알 수 있었다.
   ※ 글 마무리에서는 질문하는 표현으로 끝내는 것은 좋지 않다.

♣ 글의 호응 3

정확한 문장을 쓰려면 호응을 잘 알아야 한다. 다음은 유의해야 할 호응들이다.

1. 여간 N이/가 아니다. 여간 A~지 않다.
   예) 유학 생활을 하는 것은 여간 힘들지 않다.

2. 얼마나 A~은지 모르다
   예) 한국 음식은 얼마나 매운지 모른다.

3. A/V~으려면 A/V~~어야 한다/ N이/가 좋다/ N이/가 필요하다
   V ~기 위해서는 ~어야 한다/ N이/가 좋다/ N이/가 필요하다
   예) 학점이 잘 받으려면 출석을 잘 해야 한다.
   외로움을 견디기 위해서는 친구를 사귀는 것이 좋다.

9. 내가 쓰는 글

✏️ '성공적인 유학 생활'이라는 주제로 아래의 자료를 이용해서 글을 써 봅시다.

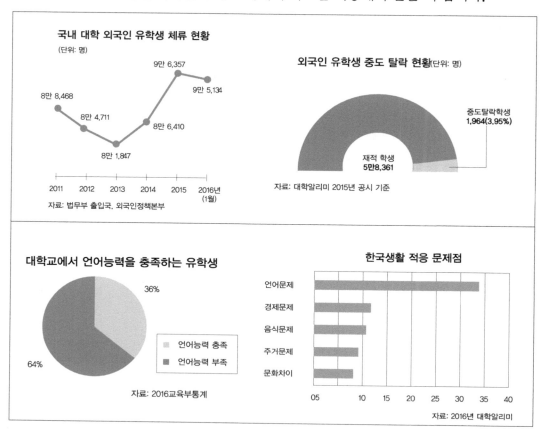

♣ 어휘 설명

충족하다: 어떤 조건이나 요건을 채워서 부족하지 않고 넉넉하다.
언어 능력 충족 → 학부 수업을 잘 들을 수 있을 만큼 한국어 실력이 좋다는 의미이다.

중도 탈락: 일이 진행되는 동안에 끝가지 가지 못하고 중간에서 그만 두는 일.
유학생 중도 탈락 → 외국인 유학생들이 대학을 졸업하지 못하고 중간에 학교를 그만 두는 것을 말한다.

9. 내가 쓰는 글

✓ 개요 짜기 〈성공적인 유학 생활〉

처음	앞의 자료를 가지고 처음을 시작한다. 앞의 자료를 기초로 해서 현재 한국 대학에서 유학생의 현황을 쓴다.
가운데	성공한 유학생의 예를 든다.
	성공적인 유학 생활의 조건에서 학업, 한국 생활, 마음(정신) 등 세 가지 측면에서 생각해서 쓴다.
마무리	성공적인 유학 생활에 대한 자신의 생각을 다시 정리해서 마무리한다.

10. 내가 쓰는 글

✏️ 원고지 쓰기 (700~1000자)

	20	16	년		법	무	부		자	료	에		의	하	면		한	국	에
있	는		대	학	에		체	류	하	는		유	학	생	이		약		10
만	명	에		이	른	다	고		한	다	.	그	중	에	서		졸	업	

✏️ 뒤에 있는 원고지에 글을 완성하십시오.

성공적인
유학생활

11. 자기 평가

1. 나는 성공적인 유학 생활에 대한 글을 쓸 수 있다.　　네 (　) 아니오 (　)
2. 나는 근거 제시하기 표현을 정확히 알고 쓸 수 있다.　　네 (　) 아니오 (　)
3. 나는 글에서의 호응을 알고 적합하게 글을 쓸 수 있다.　　네 (　) 아니오 (　)

부록

- 원고지 바르게 쓰기
- 실수하기 쉬운 원고지 띄어쓰기
- 과제물 표지 예
- 어휘 목록
- 모범 답안
- 원고지

1. 원고지 바르게 쓰기

1. 첫 칸 비우기
글을 처음 시작할 때, 각 문단을 처음 시작할 때는 첫 칸을 비워야 한다.

① 글을 처음 시작할 때

	한	국		드	라	마		중	에	서		이	번	에		본		한	국
드	라	마	는		친	구	가		추	천	해		준		것	이	다	.	

② 문단을 바꿀 때

기	업	의		부	회	장	과		비	서	와	의		재	미	있	는		사
랑		이	야	기	이	다.		어	려	운		일	들	을		겪	고		나
서		결	국		둘	은		결	혼	을		한	다	.					
	이		드	라	마	를		쓴		작	가	는		세	상	에		아	무
리		어	려	운		일	이		있	더	라	도		최	선	을		다	

2. 첫 칸 비우지 않기
단락이나 문장의 처음만 첫 칸을 비우고 줄의 끝에서 띄어서 써야 할 경우는 비우지 않고 ✔ 표시를 하거나 표시하지 않고 다음 줄 첫 칸부터 쓴다.

	현	대	인	이	라	면		누	구	나		스	트	레	스	를		받	을
수		있	다	.	스	트	레	스	를		받	으	면		여	러	분	은	
어	떻	게		하	는	가	?												

3. 문장 부호 쓰기
① 문장 부호는 한 칸에 하나씩 쓰는 것이 원칙이다.

문장부호: 마침표 (.), 느낌표(!), 물음표 (?) 쉼표(,) 큰 따옴표(" ") 작은따옴표(' ') 마침표와 쉼표 다음에는 한 칸을 비우지 않고 물음표와 느낌표 다음에는 한 칸을 비워야 한다.

	지	상		교	통	에	는		버	스	,	택	시	,	오	토	바	이	,
자	전	거	,	기	차		등	이		있	다	.	수	상		교	통	에	는

	성	공	적	인		유	학	생	활	을		하	고		있	다	고		생
각	하	는	가	?		자	신	있	게		말	할		수		있	다	면	

메	리		크	리	스	마	스	!		그	는		큰		소	리	로		말
했	다	.	그		말	을		들	은		나	는		미	소	로		답	을

② 문장의 끝이 원고지 맨 마지막 칸에 올 때는 문장의 끝 글자와 마침표(.)를 같이 쓴다.

	한	국	의		가	을	은		나	뭇	잎	이		노	란	색	,	빨	간
색	으	로		물	들	어		온		세	상	이		변	해		버	린	다.

③ 대화를 쓰거나 속담, 명언 등을 직접 인용할 때 큰 따옴표를 쓰고 한 칸에 쓴다. 대화나 인용문이 다음 줄로 이어질 때는 한 칸을 띄어서 쓴다.

	"	글	쓰	기		수	업	을		처	음		들	어	.	그	래	서	
많	이		힘	들		것		같	아	. "									

	"	티	끌		모	아		태	산	"	이	라	는		속	담	이		있
다	.	이		말	은		조	금	씩		모	으	면		나	중	에		많

④ 혼잣말이나 마음속으로 하는 말을 쓸 때는 작은따옴표를 사용하고 한 칸에 쓴다. 따옴표를 쓰고 이어지는 말이 조사이면 이어서 쓰고 조사가 아니면 한 칸을 띄어서 쓴다.

	'	그		경	치	가		멋	있	군	'		생	각	이		들	었	다.

⑤ 문장 중에서 특별히 중요하게 나타내는 부분도 작은따옴표를 사용한다. 따옴표를 쓰고 이어지는 말이 조사이면 따옴표 다음에 이어서 쓴다.

지	금		필	요	한		것	은		'	지	식	'	이		아	니	라	
'	실	천	'	이	다	.													

4. 숫자와 알파벳 쓰기

① 두 개 이상의 숫자는 한 칸에 두 개씩 쓴다. 하나의 숫자는 한 칸에 쓴다.

20	18	년		9	월		8	일	에		시	작	되	었	다	.		

② 알파벳도 두 개 이상인 경우 한 칸에 두 개씩 쓰고 하나일 경우는 한 칸에 쓴다.

영	어	로		소	년	은		bo	y	고		소	녀	는		gi	rl	이	다.

③ 알파벳이 대문자일 때는 한 칸에 하나씩 쓴다.

영	어	로		한	국	은		K	O	R	E	A	이	다	.			

2. 실수하기 쉬운 원고지 띄어쓰기

| 한 | 국 | 말 | 을 | | 잘 | | 못 | 해 | 서 | | 이 | 해 | | 못 | 했 | 다 | . | |

| 시 | 장 | 에 | | 가 | 는 | | 중 | 에 | | 친 | 구 | 를 | | 만 | 났 | 다 | . | |

| 시 | 장 | 에 | | 가 | 는 | | 길 | 에 | | 약 | 국 | 을 | | 들 | 렀 | 다 | . | |

| 한 | 국 | 에 | | 왔 | 을 | | 때 | | 힘 | 들 | 었 | 다 | . | | | | | |

| 언 | 어 | 를 | | 공 | 부 | 할 | | 때 | | 실 | 수 | 할 | | 수 | | 있 | 다 | . |

| 예 | 전 | 보 | 다 | | 더 | | 많 | 이 | | 공 | 부 | 할 | | 것 | 이 | 다 | . | |

| 노 | 력 | 하 | 는 | | 만 | 큼 | | 성 | 공 | 할 | | 수 | | 있 | 다. | | | |

| 그 | 는 | | 배 | 우 | 만 | 큼 | | 멋 | 있 | 다 | . | | | | | | | |

| 두 | | 번 | 째 | 는 | | 외 | 국 | 인 | 이 | 기 | | 때 | 문 | 에 | | | | |

| 걱 | 정 | 하 | 지 | | 말 | 고 | | 도 | 전 | 해 | 야 | | 한 | 다 | . | | | |

| 누 | 구 | 나 | | 실 | 수 | 한 | | 적 | 이 | | 있 | 다 | . | | | | | |

| 몇 | | 시 | 까 | 지 | | 와 | 야 | | 하 | 는 | 가 | ? | | | | | | |

| 작 | 년 | 부 | 터 | | 열 | | 한 | 시 | | 전 | 에 | | 자 | 기 | | 시 | 작 | 했 |

| 그 | | 일 | 을 | | 하 | 기 | | 위 | 해 | 서 | | 노 | 력 | 을 | | 해 | 야 | |

| 드 | 라 | 마 | 와 | | 영 | 화 | 가 | | 보 | 고 | | 싶 | 어 | 서 | | 한 | 국 | 에 |

182

2. 실수하기 쉬운 원고기 띄어쓰기

1년밖에 안 남았다. 졸업한 후에 고
선배님은 친절한 것 같다.

공부해야 되니까 나갈 수 없었다.

나는 여행하고 싶다.

친구는 한국어를 잘하고 나는 한국어
를 못한다.

베트남에 있는 회사에 취직하겠다.

학교에 갈 수밖에 없었다.

한국에 온 지 얼마 안 됐지만 생활
이 안 힘들다.

나는 호앙이라고 한다. 베트남 사람이다.

과제물 보고서
(REPORT)

제 목:

교 과 목: 한국어 글쓰기

담당교수: OOO 교수님

학　　과: 경영학부

학　　번: 201910001234

이　　름: 왕타오

제 출 일: 20 년　월　일

어휘 목록

ㅅ

모범 답안

01. 자기 소개하기

5. 토픽 쓰기
1. ㉠: 주는 것입니다/제공하는 것입니다/
   알리는 것입니다.
   ㉡: 알게 됩니다/ 알게 될 것입니다.
2. ㉠: 안내합니다/ 개최합니다.
   ㉡: 확인하십시오/ 보십시오/ 참고하십
   시오.

7. 고쳐 쓰기
1. 나는
2. 내가
3. 친구가
4. 〈소리쳐〉는
5. 내
6. 나는
7. 친구들은
8. 여자 친구는
9. 것이
10. 나는
11. 내
12. 나는

02. 의사소통의 중요성

5. 토픽 쓰기
1. ㉠ : 약속을 못 지켜서
   ㉡ : 기다렸어요?

2. ㉠ : 마음대로 쓸 수 있는 곳이다.
   ㉡ : 읽을 수 있기 때문이다.

7. 고쳐 쓰기
1. 의사소통이란 서로의 생각과 감정을 말
   이나 행동, 글 등을 통해 주고받는 것을 의
   미한다.
2. 최근에는 스마트폰을 사용하는 사람이
   늘어났다.
3. 매체를 이용해 소통하는 사람도 늘었다.
4. 〈문장 삭제〉: 매체를 정의하는 문장이 필
   요 없으므로 삭제해야 한다.
5. 의사소통을 통해서 서로 신뢰하고 의지가
   될 수 있는 관계를 만든다.
6. 인간관계를 유지하기 위한 의사소통의 방
   에는 무엇이 있을까?
7. 상대방에게 적극적으로 말하는 목적을 전
   달해야 한다.
8. 〈문장 삭제〉: 혼자 살 수 없는 것이 사람
   이 아니다. 정의가 잘못 되었으며 이 문장
   에서 정의하기 표현은 불필요하므로 삭제해
   야 한다.

03. 문제해결 능력

5. 토픽 쓰기
1. ㉠: 지참해야 합니다/ 가지고 와야 합니다
   ㉡: 충전해서 가지고 오기 바랍니다/
   충전해서 참가하시기 바랍니다.
2. ㉠: 힘들기 때문이다/ 어렵기 때문이다.

ⓛ: 스트레스는 적어질 것이다/
   감소할 것이다.

7. 고쳐 쓰기

한다, 먹는다, 쪘다, 한다
뻔했다, 하셨다, 하셨다, 하셨다, 모른다
보았다, 되었는가?, 생긴다
한다, 좋을 것이다
있다, 다짐한다

04. 계절과 날씨

5. 토픽 쓰기

1. ㉠ : 전망하고 있습니다.
      예상하고 있습니다.
   ⓛ : 확인해야 합니다.
      확인하시기 바랍니다.
      점검해야 합니다.
      점검하시기 바랍니다.

2. ㉠ : 습도가 높다. 습기가 많다.
      무덥다. 습기가 많고 덥다.
   ⓛ : 얇은 옷을 여러 벌 입는 것이좋다.
      여러 겹 입는 것이 좋다.

7. 고쳐 쓰기

1. 고향의 봄과 가을은 짧은 편이다.
2. 여름은 4월 중순부터 시작된다.
3. 8월 말부터 시원해지기 시작하고
4. 햇빛 때문에 눈이 부셔서 선글라스가 필요

하다.
5. 계절 중에서 여름이 가장 길다.
6. 습도가 낮아서 집안에 있으면 괜찮다.
7. 한국의 여름은 비가 많이 올 때가 있다.
8. 그런데, 10월에 갑자기 더울 때가 있다.
9. 이것을 '인디안 섬머'라고 부른다.
10. 가을에는 단풍이 들고 더 추워지면 단풍
   이 떨어진다/단풍이 진다.
11. 겨울은 길고 추우며 바람이 심하다.겨울
   은 길고 추우며 바람이 심한 편이다.

05. 미래의 교통수단

5. 토픽 쓰기

1. ㉠ : 빌려서/ 대여해서
   ⓛ : 문제가 있다/
      문제점들이 나타난다/
      문제점이 발생하고 있다.

2. ㉠ : 운전을 한다/ 목적지까지 간다/
      움직이는 것이다
   ⓛ : 단점도 있다/ 단점이 있다.

7. 고쳐 쓰기

1. 자동차, 기차, 비행기, 배 등이 현재 많이
   이용하고 있는 교통수단이다.
2. 옛날보다 더 빠르고 편리하게 이동을 할
   수 있게 되었다.
3. 새로운 교통수단이 계속 개발되고있다.
4. 일상생활이나 여행을 다닐 때 편리함을 주

는 긍정적인 부분들도 있지만

5. 버스, 택시 등에서 나오는 유해물질들이 공기를 오염시키고 환경을 파괴하고 있다.
6. 문제점들이 많이 지적되고 있기 때문이다.
7. 현재 KTX 고속열차의 개발로 먼 거리를 짧은 시간에 갈 수 있게 되었다.
8. 사람들의 생활과 가장 밀접하게 연결되어 있다.

06. 독서 습관

5. 토픽 쓰기

1. ㉠: 읽을 수 있다고 주장한다/
   읽을 수 있다고 말한다/
   읽을 수 있다고 밝힌다.
   ㉡: 가진다고 말한다/
   보인다고 주장한다/
   나타낸다고 밝힌다.

2.

   2018년 문화체육관광부에서 성인 6천 명과 초등학교 4학년 이상 중·고생 3천 명을 대상으로 독서 실태를 조사하였다. 이 조사는 2007년과 2017년의 종이책 독서량을 비교한 것으로 2007년에 비해 성인은 9.3권에서 8.3권으로 감소하였고 초등학생은 70.3권에서 67.1권으로, 중학생은 19.4권에서 18.5원으로 감소하였고 고등학생의 경우 8.9권에서 8.8권으로 변화가 거의 없었다.

   학생들의 독서 장애요인으로 학교나 학원 때문에 책을 볼 시간이 없다가 29.1%로 가장 높았고 그 다음으로 읽기가 싫고 습관이 되지 않아서 21.1%, 게임을 하느라고 18.5%, 읽을 만

한 책이 없어서 7.7%가 뒤를 이었으며 마지막으로 어떤 책을 읽을지 몰라서 6.9%로 나타났다.

   이 결과를 통해 학생들의 독서 장애 요인을 해결할 수 있는 다양한 방안이 필요하다는 것을 알 수 있다.

7. 고쳐 쓰기

1. 한국에 유학을 와서/ 온 후/ 책을 많이 읽지 못했다.
2. 책을 읽지 않아도 인터넷으로 충분히 정보를 얻을 수 있다는 사람들이 많아져서 문제다.
3. 한국어로 된 책을 읽으니/ 읽어서 한국어를 더 배울 수 있어 좋다
4. 책을 읽으면 다른 사람의 상황을 미리 알 수 있어서 그 사람의 마음을 알게 된다.
5. 독서를 하면서 간단하게 내용을 정리해 두면 쓰기 능력도 좋아질 수 있다.
6. 친구나 선생님과 비슷한 책을 자주 만나는 습관을 길러야 생활이 즐거워질 것이다.

07. 합리적인 소비 생활

5. 토픽 쓰기

1. ㉠ : 연락처를 쓰는 것이다.
   ㉡ : 반송될 때를 대비해서/
   못 받을 수도 있으니까
2. ㉠ : 편안하게 물건을 살 수 있다/
   편안하게 쇼핑할 수 있다.
   ㉡ : 물건에 문제가 있을 경우에

7. 고쳐 쓰기

1. 돈은 없지만 물건을 사러 밖에 나간다.
2. 스트레스를 풀려고 물건을 산다.
3. 미래를 대비하기 위해서는 올바른 소비 습관을 길러야 한다.
4. 나는 수입의 반 이상을 저축한다. 보통은 수입과 지출을 꼼꼼히 살피고 소비한다. (원인과 결과의 문장이 아니다.)
5. 올바른 소비 습관을 기르는 것과 스스로 소비 계획을 세우고 충동구매를 자제해야하는 문제는 인과 관계가 성립되지 않는다. (여기에서는 목적의 의미인 '-기 위해서'를 쓰는 것이 좋다)
   올바른 소비 습관을 기르기 위해 스스로 소비 계획을 세우고 충동구매를 자제해야 한다.

에서 유명한 음식이다.
2. 김치는 종류가 다양할 뿐만 아니라 지방마다 김치에 들어가는 재료도 조금씩 다르다는 특징이 있다.
3. 이름도 모두 다를 뿐만 아니라 종류도 수십, 수백 가지가 있다.
4. 식사할 때 음식을 씹으며 말을 하지 않아야 한다.
5. 한국, 중국, 일본은 숟가락과 젓가락이 있으며, 미국, 유럽은 포크와 나이프를 사용한다.
6. 음식은 한 나라의 문화이며, 그 나라의 역사이기도 하다.
7. 영양이 풍부한데다가 건강에도 좋은 재료들로 음식이 발전해 왔다.

08. 음식문화의 다양성

5. 토픽 쓰기

1. ㉠ : 실시(개설)한다고 합니다/ 만들었다고 합니다
   ㉡ : 신청할 수 있다고 합니다/ 참여할 수 있습니다.
2. ㉠ : 사용하여/ 이용해서
   ㉡ : 풍부해서/ 많아서/ 풍부하기 때문에

7. 고쳐 쓰기

1. 베트남은 쌀국수가 대표적인 음식이며, 이탈리아의 파스타, 인도의 카레도 그 나라

08. 실수와 실패를 인정하는 사회

5. 토픽 쓰기

1. ㉠ : 더러워지고 있습니다/ 더럽습니다.
   ㉡ 쓰레기를 버리면/ 쓰레기를 버린다면/ 면 실수로 버렸다면/ 쓰레기를 버릴 경우
2. ㉠ : 실패를 한다/ 실패할 수 있다.
   ㉡ : 노력이 필요하다/ 자세가 필요하다.

7. 고쳐 쓰기

1. 실수한 자신을 보고 좌절하게 되면 스트레스가 생겨서 같은 일을 할 때 망설이게

된다.

2. 실수가 나쁜 것이 아니라 두려워서 다시 시도하지 않는 것이 더 나쁘다.

3. 내가 한 말실수 경험을 말하면 방학 때 충주에 있는 친구를 만나려고 터미널에서 버스표를 산 것이다. 나는 '충주'라고 말했는데 직원은 '청주'표를 주었다. 나는 차를 타려고 확인하다가 충주가 아니라는 것을 알고 당황한 적이 있었다.

4. 다시 보지 않았다면 청주로 갈 뻔했다.

5. 청주로 갔다면 나는 친구를 못 만났을 것이다.

6. 만약 내가 발음이 좋았다면 친구를 빨리 만났을 것이다.

7. 가장 중요한 것은 실수에 대해 너무 두려워하지 않는 것이다.

8. 누구나 실수를 할 수 있다는 것을 인정할 필요가 있다.

10. 대중문화 감상

5. 토픽 쓰기

1. ㉠: 생각할 수 있습니다/
   떠올릴 수 있습니다/
   기억할 수 있습니다.

   ㉡: 정리하면/ 기록하면/ 써 놓으면

2.
한국국제교류재단은 2014년부터 2017년까지의 세계 한류 동호회 현황에 대한 조사를 실시하였다. 결과에 따르면 아메리카 지역이 가장 동호회 수가 많으며 2015년에는 800개로 가장 많았으나 그 후 점차 감소하고 있는

것을 볼 수 있다. 아시아/대양주 지역은 초기에는 280개 정도였다가 점차 증가하는 것으로 나타났고 유럽 지역도 초기 200개에서 400개 이상으로 증가했다. 아프리카와 중동 지역도 초기 50개 정도였으나 100개 정도로 증가하고 있는 것을 볼 수 있다.

이 결과를 통해 아메리카 지역의 동호회가 감소하는 이유를 찾고 다른 지역은 동호회가 증가할 수 있는 방안을 찾아야 할 것이다.

7. 고쳐 쓰기

1. 매력마저

2. 관심까지/ 관심도

3. 관심까지

4. 웃기까지/ 웃기도

5. 정신조차

6. 방법까지/ 방법도

7. 배울 것까지/ 배울 것도

11. 일과 여가의 관계

5. 토픽 쓰기

1.
2018년 통계청의 조사에 따르면 서울·경기 지역의 지난해 1인 가구 비율은 전체 가구 수의 28.6%에 달하는 것으로 나타났다. 2000년에는 1인 가구 비율이 전체 가구의 15.5%를 차지하고 있었으며, 약 20년 동안 1인 가구 비율이 꾸준히 증가하고 있다. 하지만 이후로 급격한 증가세를 보이고 있어서 이러한 추세라면 앞으로 2045년에는 서울·경기 지역의 1인 가구가 전체 가구의 약 45%까지 차지할 것으로 예상된다. 1인 가구의 증

가와 함께 소비문화에도 변화를 가지고 왔
다. 가족 단위로 식사를 하는 패밀리레스토
랑의 경우 2000년 이후 2017년에는 절반 수
준으로 매출액이 급격히 떨어졌다. 이와 대
조적으로 혼자서 편하게 식사를 해결할 수
있다는 점에서 즉석 조리식품의 매출액이 몇
년 사이에 큰 폭으로 상승하였다.

2.

통계청이 2017년에 발표한 일과 가정의 양
립에 대한 내용을 살펴보면 우선 일과 가정
의 우선도가 변하고 있는 것을 알 수 있다.
2015년에는 '일이 우선이다'고 말한 응답자
가 53.7%였으나, 2017년에는 43.1%로 줄
었다. 반면에 '가정이 우선이다'고 응답한 사
람은 비율은 11.9%에서 13.9%로 다소 늘었
는데, 이는 일과 가정에 대한 생각이 바뀌고
있는 것으로 보인다. 이런 인식의 변화로 육
아 휴직자 수는 2007년 21,185명에서 2010
년 58,130명으로 큰 폭으로 급증하였으며,
2017년까지 지속적으로 많아지고 있다. 또
한, 유연근무제도에 대한 국민들의 인지도가
높아지면서 이 제도를 도입하는 기업도 점점
확대되는 추세이다. 2015년에 22.0%에 그
쳤으나 2년 사이에 37.1%로 상승하였다. 이
것은 우리 사회가 앞으로 일과 가정의 균형
있는 삶을 추구하고자 한다는 것으로 여겨
진다.

7. 고쳐 쓰기

1. 한국 사람들은 다른 나라 사람들보다 일을

많이 하는 편이다.
2. 스트레스가 쌓이고 건강이 나빠질 수밖에
없다.
3. 공부와 일의 능률이 오르기 쉽지 않다.
4. 활동적인 여가 생활을 좋아하는 편이다.
5. 아직까지는 여가 활동에 대한 인식이 높지
않다.
6. 여러 가지 여가 활동을 하려면 비용이 들
수밖에 없다.
7. 시간적 여유가 없는 사람들은 하고 싶어도
여가 활동을 하지 못하는 것이 사실이다.

12. 스트레스와 건강

5. 토픽 쓰기

1. ㉠ : 포기했다.
   ㉡ : 언제 어디서나 할 수 있다.
2. ㉠ : 혼자 하는 것보다 여럿이 함께 하는
   것이 좋다.
   ㉡ : 비슷한 사람과 함께 하는 것이

7. 고쳐 쓰기

1. 게다가 → 즉
2. 다시 말해서 삭제
3. 왜냐하면 스트레스를 안 받는 사람이 없기
   때문이다.
4. 하지만 → 또
5. 예컨대 삭제

5. 토픽 쓰기

1. ㉠ : 보고서를 제출하지 못했습니다.

    보고서를 내지 못했습니다.

    ㉡ : 받아 주시면 안 될까요

    받아 주실 수 있을까요

    받아 주실 수 있으신지요

    괜찮겠습니까/ 괜찮을까요

2. ㉠ : 실천하는 것은 다르다.

    행동하는 것은 다르다

    ㉡ : 좋은 습관은 빨리 배우지 못한다.

7. 고쳐 쓰기

1. 다음은 성공적인 유학생활의 조건에 대해서 살펴볼 것이다.

2. 지금까지 성공적인 유학 생활에 대한 조건을 알아보았다.

3. 외국인 유학생이 생각하는 성공적인 유학 생활이란 대학교 생활에 잘 적응하는 것이다.

4. 왜냐하면 외국인들이 유학 생활에서 가장 힘든 것이 바로 그 나라의 언어이기 때문이다.

5. 언어를 못하면 여간 어려운 일이 아니다.

6. 지각하지 않고 과제물도 잘 하려면 성실해야 한다./ 성실함이 필요하다.

7. 공부를 열심히 하는 것도 중요하지만 공부만 하다보면 모든 것이 다 힘들고 귀찮을 때가 있다./ 귀찮다고 느낄 때가 있다.

8. 외국에서 생활하면 얼마나 외로운지 모른다.

9. 나중에 졸업하고 고향에 있는 친구들이 한국에서 뭘 배웠냐고 했을 때 대답을 못하면 안 된다.

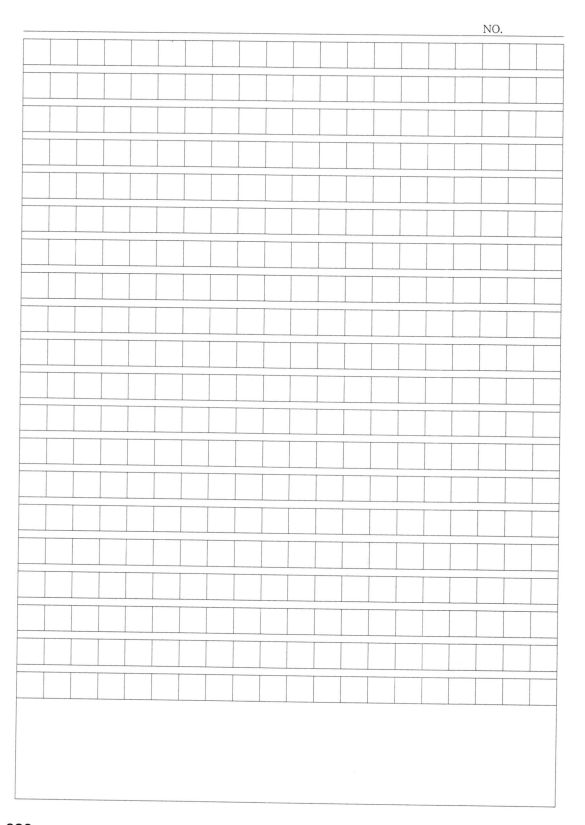